Hier geht's lang zu den digitalen Extras:

http://go.marcopolo.de/niz

Touren-App

Ganz einfach orientieren und jederzeit wissen, wo genau Sie gerade sind: Die praktische App zu den Erlebnistouren sorgt dank Offline-Karte und Navigation dafür, dass Sie immer auf dem richtigen Weg sind. Außerdem zeigen Nummern alle empfohlenen Aktivitäten, Genuss-, Kultur- und Shoppingtipps entlang der Tour an.

HTTP://GO.MARCOPOLO.DE/NIZ

Update-Service

Immer auf dem neuesten Stand in Ihrer Destination sein: Der Online-Update-Service bietet Ihnen nicht nur aktuelle Tipps und Termine, sondern auch Änderungen von Öffnungszeiten, Preisen oder anderen Angaben zu den Reiseführerinhalten. Einfach als PDF ausdrucken oder für Smartphone, Tablet oder E-Reader herunterladen.

SYMBOLE

- INSIDER TIPP Insider-Tipp
- ★ Highlight
- ●●●● Best of ...
- Schöne Aussicht
- Grün & fair: für ökologische oder faire Aspekte
- (*) kostenpflichtige Telefonnummer

PREISKATEGORIEN HOTELS

€€€	über 130 Euro
€€	85–130 Euro
€	bis 85 Euro

Preise pro Nacht für zwei Personen im Doppelzimmer ohne Frühstück in der Hochsaison

PREISKATEGORIEN RESTAURANTS

€€€	über 35 Euro
€€	25–35 Euro
€	bis 25 Euro

Preise für ein Menü (Vor-, Haupt- und Nachspeise) ohne Getränk bzw. für ein Hauptgericht

GUT ZU WISSEN

Kunst made in Nizza → S. 16
Grüne Stadt des Mittelmeers → S. 25
Entspannen & genießen → S. 43
Bücher & Filme → S. 48
Richtig fit! → S. 51
Gourmettempel → S. 56
Spezialitäten → S. 60
Fußballfieber → S. 75
Luxushotels → S. 82
Feiertage → S. 125
Wetter → S. 132

KARTEN IM BAND
(140 A1) Seitenzahlen und Koordinaten verweisen auf den Cityatlas Nizza, Antibes, Cannes, Monaco und die Umgebungskarte S. 148/149

Es sind auch die Objekte mit Koordinaten versehen, die nicht im Cityatlas stehen

(🗺 A1) verweist auf die herausnehmbare Faltkarte

UMSCHLAG VORN:
Die wichtigsten Highlights

UMSCHLAG HINTEN:
Liniennetzplan der öffentlichen Verkehrsmittel

Die besten MARCO POLO Insider-Tipps

Von allen Insider-Tipps finden Sie hier die 15 besten

INSIDER TIPP Nizza im Winter
Milde 15 Grad, winterliche Sonne, schneebedeckte Seealpen, gelbe Mimosenblüte, Zitrusbäume, Straßencafés – der Winter hat seinen ganz besonderen Reiz → S. 26

INSIDER TIPP Heile Welt
Die Tagträume der naiven Künstler im *Musée International d'Art Naïf Anatole Jakovsky*. Ein kurzweiliger Ausflug in die naive Kunst vom 17. Jh. bis heute → S. 46

INSIDER TIPP Nizza anders verpackt
Alles andere als trocken sind Stadttouren per Rad, eine Food oder Wine Tasting Tour. Kleine Gruppen, hoch motivierte Guides und viel Spaß garantiert! → S. 132

INSIDER TIPP Ort der Erinnerung
Engelsstatuen recken sich neben Pinien in den blauen Himmel. Monumentale Grabmäler liegen auf dem terrassenförmig angelegten *katholischen Friedhof* auf dem Schlossberg → S. 95

INSIDER TIPP Backe, backe Cookies
Emilie backt, und alle sind begeistert vom Kaffeeduft und den Riesenkeksen in *Emilie's Cookies & Coffee Shop* (Foto re.) → S. 55

INSIDER TIPP Ein Stück Japan am Mittelmeer
Weg vom Gedrängel im ruhigen, grünen *Jardin Japonais* von Monaco. Der Shinto-Garten ist ein Naturkunstwerk aus Wasser, Stein und Pflanzen → S. 117

INSIDER TIPP Urlaub vom Urlaub
Für die Auszeit vom Urlaubstrubel setzt man sich an der *Plage Lido* auf einen Liegestuhl, schaut aufs Meer und nimmt die richtige Lektüre zur Hand: z. B. „Nizza – mon amour" von Fritz J. Raddatz → S. 89

INSIDER TIPP Hipper Industrielook
Frischer Wind für die Restaurantszene in Cannes. Nicht im Provence-Stil, sondern trendig, modern und mit sehr gutem Essen kommt *Le Tube* daher → S. 110

INSIDER TIPP Biolunch auf Italienisch

Am besten ist's, wenn's natürlich ist: Im *O' Quotidien* gibt es den besten Biolunch der Stadt. Wein, Honig, Öl und vieles mehr aus natürlichem Anbau findet man in den Regalen drum herum → S. 54

INSIDER TIPP Kleinkunst à la française

Musik, Chansons und auch Kabarett werden zur Aufführung gebracht im *Théâtre de l'Impasse* in der Altstadt von Nizza → S. 77

INSIDER TIPP Nasses Kinderparadies

Dieser Tipp darf – von Kindern empfohlen – nicht fehlen! Wenn die Temperaturen es nur annähernd zulassen, springen sie juchzend durch die 128 Fontänen an der *Promenade du Paillon* → S. 123

INSIDER TIPP Rollen statt flanieren

Wenn die ganze Familie auf Inlineskates über die Promenade rollt, wird's lustig. Zu leihen gibt's den rollenden Untersatz direkt an der Promenade → S. 122

INSIDER TIPP Refugium in der Altstadt

Der Blick auf die Place Masséna, die Altstadt vor der Tür, die Promenade zehn Gehminuten entfernt – im *Hôtel de la Mer* wohnen Sie in top renovierten Zimmern unter familiärer Leitung. Noch ein Geheimtipp ... → S. 81

INSIDER TIPP À votre santé et bon appétit!

Gemütlich wie beim Winzer zu Hause ist's im Weinbistro *La Part des Anges*: in anregender Atmosphäre inmitten von Weinflaschen und -kartons einen guten Tropfen genießen → S. 54

INSIDER TIPP Zwischen Himmel und Meer

Ein aussichtsreicher Spaziergang auf dem „Schmugglerpfad" *Le Chemin des Contrebandiers* ums Cap d'Antibes gehört zu den schönsten Wanderungen an der Küste, umgeben von Felsen, Himmel und Meer, so weit das Auge reicht (Foto li.) → S. 100

BEST OF ...

TOLLE ORTE ZUM NULLTARIF

Neues entdecken und den Geldbeutel schonen

SPAREN

● *Besuch bei Chagall*

Ein Museumsbesuch in Nizza ist nicht billig. Sollte es der Zufall wollen, dass Sie am 1. Sonntag im Monat in der Stadt sind, dann ab ins *Chagall-Museum.* An diesem Tag ist der Eintritt frei → S. 44

● *Jazz bei Shapko*

Mitten in der Altstadt liegt die Jazzbar von *Dimitri Shapko*. Von Mittwoch bis Sonntag verwöhnt er seine Gäste mit bestem Jazz und Soul – live und umsonst! → S. 75

● *Sonne, Sand und Strand*

15 Gehminuten von der Altstadt, und schon kann man sein Handtuch an der *Plage de la Salis,* dem Stadtstrand von Antibes, ausrollen. Die Promenade im Rücken, den Sand unter den Füßen und das Meer vor der Nase. Relaxen pur zum Nulltarif → S. 104

● *Von der Olive zum Öl*

In der Altstadt betreibt Familie Alziari ihren *Laden* mit Olivenspezialitäten; außerhalb liegt ihre *Olivenmühle*, in der sie zeigt, wie aus Oliven Öl wird. Die Degustation ist ebenfalls kostenlos (Foto) → S. 50

● *Rock im Bulldog*

Egal an welchem Wochentag – im *Bulldog Pub* wird live aufgespielt. Zu Bier und Cocktails gibt es Rock umsonst bis spätnachts → S. 76

● *Bei den Franziskanern Nizzas*

Die Franziskanermönche haben sich einst im heutigen Cimiez niedergelassen. *Kirche*, *Museum* und *Gärten* sind ohne Eintritt zu besuchen und bieten dazu einen herrlichen Blick über Nizza → S. 42, 43

● *Kinodenkmäler auf Mauern*

Cannes ist Filmfestivalstadt. 15 *Fresken* über die Stadt verteilt verzieren Fassaden – Marilyn Monroe und James Dean in XXL. Die Kosten der Führung sparen Sie mit dieser Broschüre: *short.travel/niz7* → S. 108

TYPISCH NIZZA

Das erleben Sie nur hier

Küche à la niçoise

Die Nizzaer Küche eignet sich bestens für einen Mittagssnack: Socca in der Altstadt, Gnocchi oder Mangoldtaschen *(tourte de blettes)* in der *Cantine de Lulu* oder ein *pan bagnat* am *Kiosque Tintin* → S. 60, 55

Kräuterduft

In Antibes führt kein Weg am *Marché Provençal* vorbei. Neben frischem Obst und Gemüse gibt es Kräuter, Honig, getrocknete Tomaten *(tomates sechées)*, Seifen und alles, was nach Süden duftet → S. 103

Muscheln & Garnelen

In Nizza gibt es einige Spezialisten für Meeresfrüchte. Das *Café de Turin* ist der bekannteste unter ihnen. Hier kommen die Muschelknacker und Garnelenpuler unter den Gourmets voll auf ihre Kosten → S. 58

Über den Dächern von Nizza

Ein Muss ist der Blick über die roten Dächer und die kilometerlange Bucht. Ganz umsonst gibt es den allerdings nicht. Ein kleiner Aufstieg auf den Schlossberg *Colline du Château,* und da ist er: der schönste Blick auf Nizza → S. 23

Karneval & Blumenschlacht

Meterhohe Pappmaché-Figuren ziehen im Februar durch Nizzas Straßen, und bei der legendären *Blumenschlacht* auf der Promenade des Anglais fliegen Blumen von den blütenübersäten Festwagen → S. 23

Feuerwerk & Festival

Eine Institution an den Stränden von Monaco bis Cannes sind die sommerlichen Feuerwerke. Kaum eine Woche, in der der Himmel nicht in bunten Farben erstrahlt. Absoluter Höhepunkt ist das *Feuerwerkfestival* von Cannes. Feuerwerkskunst mit Musik unterlegt und ein lauer Abend am Strand – typisch südfranzösischer Sommer! → S. 125

Strände von Sand bis Stein

Überall herrscht im Sommer an den Stränden Hochbetrieb, im Winter Beschaulichkeit: in Nizza am Kieselstrand entlang der Promenade, in Antibes am Sandstrand mit Blick auf die Seealpen, besonders aufregend in Cannes zwischen den Liegen der Nobelhotels (Foto) → S. 111

TYPISCH

BEST OF ...

SCHÖN, AUCH WENN ES REGNET

Aktivitäten, die Laune machen

REGEN

● *Bunte, süße Verführung*

In der *Confiserie Florian* landen die Früchte Südfrankreichs in Bonbons und Marmeladengläsern oder werden auch einfach nur kandiert. In der Werkstatt am Quai Papacino können Besucher zuschauen, wie das geht → S. 122

● *Galerien Tür an Tür*

Zum Galerien-Hopping an Regentagen ist die *Rue Droite* perfekt. Hier reiht sich eine Galerie an die andere. Dann noch ein *déjeuner* im *Restaurant du Gesu* um die Ecke, und der Tag ist gerettet → S. 32, 61

● *Abwarten und Café trinken*

Bei Regen braucht man ein gemütliches Café, in dem man sich von Frühstück zu Kaffee und Kuchen hangelt. Im *Pain & Cie* ist das möglich. Dazu der Blick durch die großen Fenster, denn irgendwann muss die Sonne ja wiederkommen → S. 55

● *Kochen auf Französisch*

Eine Abwechslung beim touristischen Sightseeing bieten die Kochkurse von Aude Bertaux. In ihrem kleinen Atelier *Cuisine sur Cours* möchte die Chefköchin ihre Kursteilnehmer an einem Vormittag fürs Kochen und Genießen begeistern. Und das gelingt ihr! → S. 130

● *Fotos schauen statt schießen*

Auch eine Art, Nizza zu besichtigen: überdacht! Im *Théâtre de la Photographie et de l'Image* gibt es neben Fotos von Nizza wechselnde Ausstellungen internationaler Fotografen → S. 36

● *Welt der Meere*

Imposant von außen und von innen ist das *Ozeanografische Museum* in Monaco. Mit seiner beachtlichen meereskundlichen Ausstellung und den heute über 90 Aquarien setzte der seefahrende Fürst Albert I. sich und den Meeren dieser Welt ein Denkmal (Foto) → S. 117, 123

ENTSPANNT ZURÜCKLEHNEN

Durchatmen, genießen und verwöhnen lassen

ENTSPANNT

Blaue Stühle, blaues Meer

Entspannt lehnen sich Einheimische wie Touristen in den blauen Stühlen auf der *Promenade des Anglais* zurück. Die Zeitung in der Hand den Blick über die Bucht schweifen lassen, Yachten und startende Flugzeuge beobachten – und träumen → S. 43

Sightseeing per Fahrradtaxi

Man muss sich ja nicht immer die Füße wund laufen: Warum sich nicht einmal bequem zurücklehnen und mit dem Fahrrad zu den Sehenswürdigkeiten Nizzas fahren lassen? (Foto) → S. 131

Kulinarisch entspannen

Katzen gibt es nicht im *Chat Noir Chat Blanc*. Dafür zwei exzellente Köche und eine kleine, ausgewählte Karte mit drei Vor- und drei Hauptspeisen, köstlichen Desserts und Weinen. Das alles in einem urgemütlichen Restaurant. Lassen Sie sich verwöhnen! → S. 58

Open-Air-Jazz

Im Juli klingt Nizzas Innenstadt. Hochrangige Jazz-, Soul- und Funkmusiker geben sich beim *Nice Jazz Festival* im Jardin Albert 1er ein Stelldichein. Die Konzerte unter Palmen sind ein Genuss → S. 125

Luxusliegen

Für einen Relax-Tag sind die Liegen der Privatstrände wie geschaffen. Der Sonnenschirm sorgt für Schatten, die Kellner für Getränke und Snacks und das Meer für Abkühlung. In Nizza sind *Castel Beach* und *Ruhl Plage* besonders schön → S. 43

Bootsfahrt

Genug vom städtischen Trubel? Dann lassen Sie sich über die Wellen schaukeln auf einer Küstenfahrt oder zum Sightseeing nach Monaco oder Saint-Tropez → S. 129

Wellnessprofis

Wer sich in professionelle Hände begeben möchte, ist z. B. in der Wellnessoase des *Hi Hôtels* an der richtigen Adresse → S. 80

AUFTAKT

ENTDECKEN SIE NIZZA!

Nizza ist bunt wie ein Regenbogen: blau die Bucht, rot die Dächer, ockergelb die Häuser und bunt die Märkte. Das mediterrane Licht lässt die Farben intensiver leuchten als anderswo. Und das an über 300 Sonnentagen im Jahr. Es riecht nach Salzwasser und Meeresluft. Die Tage verfliegen. Morgens ein Marktbesuch auf dem Cours Saleya, einem der schönsten Märkte der Côte d'Azur; auf der Strandliege dem Geräusch der Wellen lauschen, sich von den Farben Chagalls und dem Blau Yves Kleins betören lassen und abends in das Nachtleben eintauchen. Natürlich erst nach südfranzösischen Gaumenfreuden in einem der zahlreichen Restaurants. Das muss sein im Land der Haute Cuisine! Lassen Sie sich treiben durch das lebendige Nizza – langweilig wird es nie!

Lange galten Nizza (Nice) und die Côte d'Azur ausschließlich als Glamour-Metropole und Ruheständler-Paradies. Heute ist Nizza weltoffen, jung und dynamisch. Rund 344 000 Ew. leben hier; fünfzig Prozent davon sind unter vierzig. Das Leben in der Stadt ist ein buntes Gemisch aus gemütlich flanierenden Genießern und munteren Inlineskatern. Ebenso kontrastreich ist das Angebot, mit dem Nizza Sie überraschen wird: Restaurants im traditionell provenzalischen Stil neben modern experimentel-

Bild: Nizza, Blick auf den Port Lympia

ler Küche; Museen mit Werken aus vergangenen Epochen neben junger, innovativer Kunst; schicke Strandbars neben öffentlichen Stränden mit bunt gestreiften Sonnenschirmen und Beachvolleyballern.

> **Die Blütenpracht ist einfach umwerfend**

Die Berge ragen direkt hinter Nizza felsig-begrünt, im Winter schneebedeckt in den Himmel; vor der Küste leuchtet in hellem Türkis das Meer. Nizza liegt in einer Region, die von der Natur großzügig bedacht ist. Unschlagbar ist das Klima im südöstlichsten Zipfel Frankreichs: Rundherum durch Hügel und Berge vor den Winden wie dem Mistral geschützt, wird Nizza mit ***milden Wintern*** und einer Durchschnittstemperatur von 10 Grad verwöhnt. Im Sommer dagegen bleibt es von glutheißen Monaten verschont und kann dank der ***frischen Meeresbrise*** durchatmen. Dabei ist die Blütenpracht einfach umwerfend: Mimosen, Orangen und Zitronen im Winter; Oleander, üppige, pinkfarbene Bougainvilleen und Lavendel im Sommer – in Nizza blüht es immer!

Perfekte Voraussetzungen, um von Januar bis Dezember zu wandern, Sport zu treiben und auf Entdeckungstour zu gehen. Das Angebot ist voller Abwechslung. Tauchen Sie in die Grotten vor der Küste, folgen Sie den Spuren der erst 1992 im Parc du Mercantour wieder angesiedelten Wölfe, blicken Sie am Klettersteig Via Ferrata oberhalb des Dorfes Peille von Hängebrücken aus in die Tiefe, oder besuchen Sie eines der ungezählten Dörfer der Umgebung, in denen die Zeit zum Teil stillzustehen scheint – möglich ist (fast) alles. Das ***Freizeitangebot*** in und um Nizza ist riesig.

Marktplatz in jeder Beziehung: der zu jeder Jahreszeit lebhafte Cours Saleya

Dazu befindet sich Nizza in bester Gesellschaft. Monaco, Antibes und Cannes sind in weniger als 30 Minuten zu erreichen. So dicht die wichtigsten Städte der Côte d'Azur beisammen liegen, so unterschiedlich sind sie in ihrem Charakter. ***Monaco*** bedeutet Glamour, Reichtum und besticht neben Fürstenpalast und Spielkasino durch Bausünden, die in den Himmel ragen; ***Antibes'*** idyllische Altstadtgassen liegen festungsähnlich umgeben von der alten Stadtmauer, und es riecht nach Südfrankreich; ***Cannes*** versprüht mit Palmen, Promenade und imposanten Hotelfassaden Festspielflair. Kurz: Bei einem Urlaub an der Côte d'Azur sind sie alle einen Besuch wert!

Auch wirtschaftlich ist die Region von Bedeutung: Sie lebt in erster Linie vom Tourismus, aber das ist nicht alles. Als Universitäts- und Kongressstadt zieht Nizza Besucher aus der ganzen Welt an und ist mit dem angesehenen Tagungszentrum Acropolis nach Paris die bedeutendste Kongressstadt Frankreichs. Und wenn abends die Studenten – 26 000 gibt es von ihnen – die Altstadtgassen und Bars beleben, sind Sie mittendrin im fröhlichen Treiben. Mit dem Technologiepark Sophia Antipolis, 20 km von Nizza entfernt, ist die Informationstechnologie Hauptwirtschaftszweig des Départements. Mit über 1400 Unternehmen und 30 000 Arbeitsplätzen gilt Sophia Antipolis als das Silicon Valley Frankreichs. Deshalb ist es auch nicht verwunderlich, dass Nizza über den zweitgrößten Flughafen Frankreichs verfügt. Er liegt nur zehn Minuten vom Stadtzentrum entfernt und bietet über 80 internationale Verbindungen in 35 Länder. So sind Sie nach Ihrer Ankunft ohne lange Bus- oder Taxifahrten schnell in der Stadt, und das Erlebnis Nizza kann beginnen.

Sophia Antipolis ist das Silicon Valley Frankreichs

Zurück zu den Anfängen: Die Geschichte der Stadt beginnt vor 400 000 Jahren. Aus dieser Zeit stammen die Überreste der Grotten von Terra Amata. Im 4. Jh. v. Chr. kamen die Griechen und legten am Fuß des ***Colline du Château*** ihren Handelsstützpunkt Nikaïa an. Drei Jahrhunderte später gründeten die Römer in den Hügeln ihre Siedlung Cemenelum, dort, wo heute das Stadtviertel Cimiez liegt. Die Römersiedlung wurde neun Jahrhunderte später zugunsten von Nikaïa aufgegeben. Es folgten wechselhafte Zeiten: Erst den Ostgoten, dann dem Frankenreich unterstellt, litt die Stadt unter den Sarazeneneinfällen. Im 10. Jh. übernahmen die Grafen der Provence die Führung der Stadt. Ab dem 14. Jh. war Nizza im Besitz von Savoyen und blieb es, mit wenigen Unterbrechungen, nahezu fünf Jahrhunderte lang. Einschneidendstes Datum in Nizzas Geschichte ist das Jahr 1860. Per Volksabstimmung wurde die Angliederung Nizzas an Frankreich beschlossen. Die Stadt erlebte daraufhin einen wirtschaftlichen Aufschwung. Die Infrastruktur wurde ausgebaut. Der Straßen- und Wohnungsbau florierte, die Stadt bekam Anschluss an das Eisenbahnnetz, der Tourismus nahm seinen Anfang.

Nizzas Wahrzeichen: die weltberühmte Promenade des Anglais

Die ersten, die kamen und sich in die Côte d'Azur verliebten, waren Engländer und Russen auf der Flucht vor den kalten Wintermonaten. Mit ihnen kamen Geld und Adel in die Stadt: Paläste, Kirchen, Promenaden – die Gäste aus dem Norden verwandelten das kleine Hafenstädtchen in eine mondäne Stadt, berühmt über die Grenzen Frankreichs hinaus. Russische Adelsfamilien und wohlhabende Geschäftsleute verewigten sich durch den Bau herrschaftlicher Residenzen. Seite an Seite stehen sie heute mit barocken Bauwerken und Palästen im Belle-Époque- und Art-déco-Stil. Bedenkt man, dass Nizza im Jahr 1860 kaum mehr als 40 000 Ew. zählte, ist es umso erstaunlicher, welcher ***architektonische Reichtum*** im 19. Jh. hier entstanden ist. Vor dieser Kulisse ist ein Spaziergang durch Nizza ein Flanieren vorbei an Villen und Palästen, vor denen sich die Palmen in den Himmel strecken und in deren Fenstern sich das Blau des Meeres spiegelt.

Apropos flanieren: Die ***Promenade des Anglais*** ist, wie der Name schon verrät, den Engländern zu verdanken. Es war die Idee des Engländers Lewis Way, den schmalen Kieselweg in einen befestigten Gehweg umzubauen. Und so war die Promenade seit Mitte des 19. Jhs. ein Ort des Sehens und Gesehenwerdens: Lords und Ladies, Künst-

KUNST MADE IN NIZZA

In Nizza ist schon so manches Kunstwerk entstanden. Es begann mit der Kirchenmalerei der Brüder Bréa, die im 15. Jh. die *Schule von Nizza* gründeten. Ende des 19. Jhs. wirkten im Süden Frankreichs die *Impressionisten* Paul Cézanne, Berthe Morisot, Claude Monet und Jean Renoir. Den Höhepunkt künstlerischen Schaffens erreichte Nizza im 20. Jh. Henri Matisse und Raoul Dufy ließen sich in Nizza nieder und prägten mit extremen Farbkontrasten den *Fauvismus.* Nach dem Zweiten Weltkrieg kamen Marc Chagall und Pablo Picasso. Es folgte der *Neue Realismus.* In den 60er-Jahren avancierte Nizza zu Europas Mekka der avantgardistischen Kunst. Rund um Yves Klein entstand eine Szene der *Happening- und Objektkunst.* Die Kunstszene ist bis heute lebendig, denn Nizza sieht sich als Kunstmetropole und ruht sich nicht auf vergangenem Ruhm aus. Beispiel dafür sind die vielen Galerien und immer wieder neue Ateliers.

Blau-weiße Strandsymphonie à la niçoise unterhalb der Promenade des Anglais

ler, Kurtisanen und gekrönte Häupter wie Zar Alexander II. und Napoleon III., Königin Victoria und das kaiserliche Paar Franz-Josef und Elisabeth spazierten die weltberühmte Uferpromenade entlang. Ein Who's who bis heute, denn ab 1920 kamen dann Kino- und Chansonstars hinzu. Die „Prom": das Wahrzeichen Nizzas. Dabei muss allerdings auch erwähnt werden, dass es nicht nur Fußgänger sind, die die Straße der Engländer bevölkern: Auf den sechs Fahrspuren drängt sich von morgens bis abends dichter Autoverkehr die Küstenstraße entlang. Doch das Leben spielt sich nicht ausschließlich auf der Promenade ab: Ob in der Altstadt, in den Straßen rund um die Place Masséna und die Avenue Jean Médecin oder im ***alten Hafenviertel***, das gerade dabei ist, sich in ein „In-Viertel" zu verwandeln – Nizza steht selten still.

Nicht nur beim Blick aufs Meer von einem der blauen Stühle auf der Promenade aus kommen mediterrane Gefühle auf. In einem der Kellertheater französischen Chansons zu lauschen, hat mindestens den gleichen Effekt. Oder aber Sie besuchen eine der vielen Jazzkneipen: denn auch der Jazz hat in Nizza Tradition. Das erste internationale ***Jazzfestival*** fand 1948 statt. Mit dabei waren Louis Armstrong, Django Reinhardt und Stéphane Grappelli. Ein gutes Omen, denn bis heute prägt der Jazz die Musikszene der gesamten Region. Neue Gruppen entstehen, es wird experimentiert, überall wird gejazzt. Besonders stolz ist Nizza auch auf seine 19 Museen und Galerien, auf seine 32 historischen Denkmäler und 300 ha Parks, Gärten und Grünflächen. Vor allem Werke aus dem 20. Jh. erwarten Sie in den ***Kunstmuseen***. Henri Matisse' und Marc Chagalls Fantasien in Blau, Gelb, Grün; Bens unverkennbare Schreibschrift; die Farben der naiven Künstler. Bunt wie ein Regenbogen eben – entdecken Sie die Farben Nizzas!

IM TREND

1 Kochen mit Profis

Am Herd Franzosen lieben es, im Restaurant gepflegt zu speisen. Doch auch ein neuer Trend findet großen Anklang: Sich nicht an den gedeckten Tisch setzen, sondern selber Hand anlegen und den Kochlöffel schwingen! Sternekoch *Christian Plumail (54, Blvd. Jean Jaurès | Tel. 04 93 62 32 22 | www.christian-plumail.com) (Foto)* vertraut auf diese Idee und hat sein renommiertes Restaurant L'Univers in Nizza aufgegeben, um in ungezwungener Atmosphäre Table-d'hôte-Abende und Kochkurse anzubieten. So treffen sich Koch und Gast und lassen gemeinsam das Essen entstehen ... Gemeinsames Kochen und Genießen – das ist auch das Konzept von *Les Apprentis Gourmets (6, Rue Teisseire | Cannes | Tel. 04 93 38 78 76 | www.lesapprentisgourmets.fr)* in Cannes, wenn Sterneköche Tipps geben und ihre Tricks verraten.

2 Lauffieber

Startschuss Der Radsport war im Land der Tour de France schon immer populär. Doch auch der Laufsport steht mittelerweile hoch im Kurs. Und so ist der Andrang groß, wenn in und um Nizza die Marathonläufer an den Start gehen. Es herrscht Feststimmung auf den Promenaden! Am berühmtesten ist der im November stattfindende *Marathon des Alpes-Maritimes (www.marathon06.com) (Foto li.)* von Nizza nach Cannes. In Antibes heißt es im Oktober *Courir pour une fleur (www.antibes-juanlespins.com)*. Der Halbmarathon führt von Juan-les-Pins aus einmal um das Cap d'Antibes und zurück. Weltweit einzigartig ist der 23,8 km lange *Monaco Run (www.monacorun.mc)* – die Strecke verläuft durch drei Länder: Start ist in Monaco, weiter geht's durch Frankreich, die Ziellinie schließlich liegt in Italien. Übrigens: Es ist ein einmaliges Erlebnis, wenn man sich als „Gastläufer" unter die Einheimischen mischt.

In Nizza gibt es viel Neues zu entdecken. Das Spannendste auf diesen Seiten

Stadt der Zukunft

Im Ökotal Westlich von Nizza, im Tal des Var, wird das Projekt *Eco Vallée Plaine du Var (www.ecovallee-plaineduvar.com)* immer mehr zum Vorzeigeobjekt für grünes Wohnen und Arbeiten – dafür hat es das Prädikat „EcoCité" der französischen Regierung erhalten. Kein Wunder, denn Planung und Konstruktion unterliegen strengen Auflagen wie der Nutzung erneuerbarer Energien oder der Bereitstellung grüner Verkehrsmittel. Das Ziel: eine ausgeglichene CO_2-Bilanz. So wird die benötigte Energie für die Bürokomplexe und Wohnungen ausschließlich durch Solarfelder produziert *(www.nice.fr) (Foto)*. Das erste Gebäude des Vorreiter-Projekts *Nice Meridia* in der Nähe des Flughafens steht schon, und die Sonnenkollektoren auf dem Dach von *Nice Premium*, so heißt das von *Reichen & Robert (www.reichen-robert.fr)* geplante Büro- und Dienstleistungsgebäude, produzieren bereits Strom.

Veggie goes Style

Ökochic Dass gesund und stylish kein Widerspruch ist, beweisen die Veggieküchen an der Küste. Flohmarktambiente und Vegetarisches aus biologischem Anbau erwarten Sie bei *Chez Helen (35, Rue des Revennes | www.chezhelen.fr)* in Antibes. In Cannes kann man im *Citronelle (16, Rue Bivouca Napoléon)* günstig vegetarisch und vegan essen – Typ Snackbar: Mit ein paar Tischen auf dem Bürgersteig gibt es frisch zubereitete Salate, Sandwiches und Säfte. Im *Café Marché (2, Rue Barillerie | www.cafe-marche.fr)* in Nizza ist der Name Programm. Hier kommen die frischesten Marktfundstücke immer auch in einer vegetarischen und veganen Variante auf den Tisch.

FAKTEN, MENSCHEN & NEWS

ART DANS LA VILLE

Sieben sitzende Statuen thronen auf hohen Stelen über der Place Masséna. Abends leuchten sie, wechseln sanft die Farbe – von türkis über pink bis gelb. Sie stehen für die sieben Kontinente; die wechselnden Farben drücken den Dialog zwischen den Kulturen aus. Das Kunstwerk „Conversation à Nice" des Spaniers Jaume Plensa ist nur eins von 14 Werken internationaler Künstler, die anlässlich der Straßenbahneinweihung im November 2007 in Nizza installiert wurden. 20 m große Riesenpalmen von Jacques Vieille an der Station Pont Michel, die in Blau gehüllte Brücke am Gare Thiers von Gunda Förster, an der Station Las Planas die Glaszylinder mit der Botschaft „Ich lebe vom Wasser – es fließt" von Emmanuel Saulnier. Entstanden ist ein riesiges Freilichtmuseum entlang der Linie T1. Bei dem Projekt handelt es sich um den größten Kunstauftrag, den eine französische Stadt je erteilt hat.

BELLET

Einer der kleinsten und ältesten Weinberge Frankreichs befindet sich nahezu im Herzen Nizzas, 15 Minuten von der Baie des Anges entfernt. Die Qualitätsweine „Appellation d'Origine Contrôlée" von Bellet, eine der ältesten kontrollierten Herkunftsbezeichnungen Frankreichs (1941), sind am linken Ufer des Var angesiedelt. Etwa 40 ha Land teilen sich die 15 Weingüter rund um das Schloss von Bellet. Von der Sonne gesättigt, bringen die Trauben frucht-

 Bild: Skulptur von Niki de Saint Phalle vor dem MAMAC

Über Kunst, Küche und Karneval: Charakteristisches und Kurioses aus einer südfranzösischen Metropole

betonte Weine hervor. Aufgrund der geringen Produktionsmenge von nur 1200–1500 hl pro Jahr kommt der Wein nur in Nizza und Umgebung in Restaurants und Handel. Degustationen sind in verschiedenen Weingütern möglich.

BERGDÖRFER

Wie Perlen thronen sie auf den Hügeln im Hinterland: Peille, Peillon, Utelle, L'Escarène, Falicon, Colomars oder Tourette-Levens – etwa zwanzig dieser idyllischen Dörfer sind rings um Nizza zu bewundern. Die sogenannten *villages perchés* wurden zum Schutz gegen Räuber und Gesindel angelegt. Und heute? Sind sie ein ideales Ausflugsziel. Bummeln Sie durch die schmalen Gassen und über die Märkte, um die lokalen Spezialitäten – Olivenöl, Honig, Schafskäse – zu kosten. Entdecken Sie die Werkstätten und Ateliers der Handwerker und Künstler oder die Schätze, die in einigen Kirchen bewahrt sind. Und dazu gibt es die wunderbaren Ausblicke auf die Landschaft rings um die Dörfer. Am spektakulärsten ist der Blick vom Klettersteig Via Ferrata in Peille. *Info: Bar L'Absinthe (6, Rue Félix Faure | Peille | www.peille.free.fr).*

schaffen, um Restaurants zu kennzeichnen, die zur Erhaltung der traditionellen Nizzaer Küche beitragen. Wenn das bunte Schild mit diesem Schriftzug und dem

Kurzlebige Kunstwerke in XXL sind die Motivwagen beim Karnevalsumzug

Bild einer Frau in der Tracht Nizzas im Fenster eines Lokals hängt, kocht der Koch lokale Spezialitäten. Dabei handelt es sich weniger um die französische Haute Cuisine als vielmehr um eine herzhafte mediterrane Küche, basierend auf alten, überlieferten Rezepten.

CAILLETIER

Man findet sie neben dem Pastis zum Aperitif, in Tapenaden oder im Salade Niçoise: die Cailletier-Olive, auch Nizza-Olive genannt. Die Olivensorte Cailletier wird hauptsächlich in der Region Alpes-Maritimes in der Gegend von Nizza angebaut. Sie ist klein, rötlich-braun und würzig. Von besonderer Qualität ist das Olivenöl, das aus ihr gewonnen wird. Im Jahr 2001 wurden die Olive, das Öl und die Olivenpaste unter dem Namen „Olive von Nizza" in einer AOC-Zertifizierung zusammengefasst – ein Erfolg für die 2000 Olivenölbetriebe in den französischen Seealpen.

CUISINE NISSARDE

Die Marke „Cuisine Nissarde" wurde vom Verband der Verkehrsämter ge-

FRISCHE BRISE

Erstaunt bemerken Besucher in Nizzas Altstadt, dass die Luft immer kühl ist. Und das selbst bei der größten Hitze. Die Konstruktion der Straßen und Gebäude in und um die Altstadt wirkt wie eine natürliche Klimaanlage. Wie durch einen Kamin wird die warme Luft über der Stadt abgesaugt und frische, kühle Luft über drei Landschaftsbereiche angesaugt: das Meer, den Fluss Paillon und der waldbewachsene Colline du Château.

Eine Luftselbstregulierung – ganz alt und doch hochmodern, ökologisch und ökonomisch!

ITALIEN

Manchmal ertappt man sich bei seinem Stadtspaziergang dabei, an Italien zu denken. Italienische Namen sind im Stadtbild allgegenwärtig, auf den Tellern finden sich kulinarische Spezialitäten wie Ravioli und Gnocchi, und auf der Place Masséna hat der Betrachter das Gefühl, auf einer italienischen Piazza zu stehen. Das liegt zum einen daran, dass die italienische Grenze nur wenige Kilometer entfernt ist. Zum anderen aber daran, dass Nizza eine besonders junge Französin ist: Erst 1860 entschieden sich die Bewohner Nizzas per Volksabstimmung, dass die Stadt Frankreich zugesprochen wird. Vorher fungierte der Geburtsort von Giuseppe Garibaldi (1807–82), dem Kämpfer für Italiens Einheit, fast 500 Jahre lang als italienische Festungsstadt. Und so gibt es bis heute ein lebendiges Nebeneinander von französischer und italienischer Kultur.

KANONENSCHUSS

Der Schotte Thomas Coventry-More verbrachte um 1860 die Wintermonate in Nizza. Als Offizier durch und durch ließ er eine Kanone auf der Terrasse des ● *Colline du Château* (s. Erlebnistour 3) installieren und löste jeden Mittag um 12 Uhr einen Schuss aus. Ordnung, Pünktlichkeit und Disziplin mussten sein! Er war nämlich die unregelmäßigen Essenszeiten leid und rief seine Frau damit zum Essen. Diese Zeit ist schon lange vorbei – der Kanonenschuss ertönt bis heute.

KARNEVAL

Es regnet Mimosen, Margeriten und Nelken, wenn auf der Promenade des Anglais die weltberühmte ● *Blumenschlacht (Bataille de Fleurs)* stattfindet. An die 100 000 Blumen werden von den bunten Wagen ins Publikum geworfen, ein farbenfrohes, duftendes Spektakel! Erste Erwähnungen des Karnevals stammen aus dem Jahr 1294. Das Fest in seiner heutigen Form geht auf das Jahr 1873 zurück, als der erste Karneval mit Paraden, Reiterzügen und Maskenbällen gefeiert wurde. Kunstwerke sind die riesigen Figuren, die heute die Wagen der Karnevalsumzüge schmücken.

LICHT

„Als ich begriff, dass ich jeden Morgen dieses Licht wieder sehen würde, konnte ich mein Glück kaum fassen", sagte Henri Matisse über das Licht Südfrankreichs. Die Impressionisten kamen als Erste seinetwegen, Maler wie Paul Cézanne, Vincent van Gogh oder Pablo Picasso folgten ihnen und erlagen ebenso der Faszination der lichtdurchfluteten Landschaft. Nach wie vor zieht das Licht der Côte d'Azur jeden in seinen Bann – die Sonne lässt alle Farben leuchten. Das Meer an der Promenade des Anglais erstrahlt in einem bestechenden Türkis, dahinter glänzen grüne Palmen und Orangenbäume, und die terracottafarbenen Gebäude an der Place Masséna leuchten unter einem azurblauen Himmel.

NISSART

„Bouonjou" – das heißt „Bonjour" und ist Nissart. Die Sprache, die in Nizza und Umgebung bis heute von Einheimischen gesprochen wird und die im Stadtbild unübersehbar ist: Restaurants, Straßennamen und am Ortseingang das Schild „Nissa". Nissart ist einer von mehreren Dialekten des Okzitanischen. Okzitanisch wird im südlichen Drittel Frankreichs gesprochen. Und natürlich sind die Einwohner sehr stolz auf ihre Sprache! Theater- und Musikgruppen tragen

Ökologisches Verkehrs- und Vorzeigeprojekt Nizzas: die Straßenbahnen der Lignes d'Azur

dazu bei, sie am Leben zu erhalten. Amtssprache ist allerdings Französisch.

ROSÉWEIN

Man trinkt Rosé! Im Sommer sieht man auf den Tischen der Bistrots und Restaurants weder weiß noch rot. In geselliger Runde sitzen die Franzosen um ihr „verre de rosé", ihr kleines Glas kühlen, frischen Rosé. Der natürlich aus dem Weinbaugebiet Côtes de Provence kommt. Aus gutem Grund: 88 Prozent der gesamten Weinproduktion in der Provence sind Roséweine; die Provence stellt 38 Prozent der französischen und acht Prozent der weltweiten Roséweinproduktion.

SÉGURANE, CATHERINE

Von einer einfachen Wäscherin zur Volksheldin: Catherine Ségurane (auf Nissart: Catarina Segurana), die Retterin von Nizza. Im Jahr 1543 belagerten die mit dem französischen König Franz I. verbündeten Türken die Stadt. Laut der Legende führte Catherine die Bürger in die Schlacht gegen die Angreifer. Sie entblößte ihr Hinterteil, was die türkischen Feinde so sehr beleidigte, dass sie die Flucht ergriffen. Séguranes Existenz wurde nie bewiesen. Dennoch wurde sie zur Symbolfigur Nizzas. 1923 setzte die Stadt ihr zu Ehren an der Place Saint-Augustin ein Denkmal.

STRASSENBAHN

Eine Straßenbahn für Nizza. Bis 2030 will die Stadt ein Straßenbahnnetz von 35 km Länge geschaffen haben; 8,7 km sind bereits fertig. Die Linie T1 fährt seit 2007. Weitere 11,3 km kommen in den nächsten Jahren hinzu: Die Linie T2, die zum Teil unterirdisch vom Hafen bis zum Flughafen und darüber hinaus führen wird, soll 2018 in Betrieb genommen werden. Damit geht auch die weitere Umsetzung der ökologischen Stadtplanung einher: die Anlage neuer Parks und Grünflächen. Außerdem wird die Tram 800 Busse, die heute täglich auf der Promenade fahren, ersetzen. Bereits der Bau der ersten Linie, verbunden mit dem Anlegen von neuen Grünanlagen, Plätzen und Fußgängerzonen, hat Nizza freundlicher, grüner und offener gemacht. *www.tramway.nice.fr*

TOUR ODEON

170 m hoch, 70 000 m² Wohnfläche, 49 Stockwerke, 70 Appartements, Wellness- und Businesscenter, Kino, Limousinen- und 24-Stunden-Conciergeservice – so wohnt man in Monacos luxuriösestem Turmtraum. Hinter dem Projekt, das 2015 fertiggestellt wurde, stehen Architekt Alexandre Giraldi und Interior Designer Alberto Pinto. Die fünfstöckige Penthouse-Wohnung von über 3300 m² ist das teuerste Appartement der Welt. *www.odeon.mc*

TRAIN DES PIGNES

Mit dem berühmten Train des Pignes kann man für einem Tag dem Stadtleben entfliehen und sich das Hinterland von Nizza anschauen. Der „Pinienzapfenzug" fährt auf einer von vier historischen Bahnstrecken, die Ende des 19. Jhs. gebaut wurden, um Nizza mit dem Hinterland und anderen Küstenorten zu verbinden. Die Bahnstrecke von Nizza nach Digne-les-Bains ist die letzte, die noch in Betrieb ist. Sie führt auf ca. 150 km durch 25 Tunnel, über 16 Viadukte und 13 Metallbrücken.

In den Sommermonaten werden auch Nostalgiefahrten mit einer historischen Dampflok angeboten. *Tgl. vier Abfahrten | Gare des Chemins de Fer de Provence | 4 bis, Rue Alfred Binet | Nizza–Annot 26,60 Euro, Nizza–Digne-les-Bains 46,60 Euro (Hin- und Rückfahrt) | www.trainprovence.com*

GRÜNE STADT DES MITTELMEERS

Das Ziel der Stadtplaner steht fest: Sie wollen aus Nizza die „Grüne Stadt des Mittelmeers" machen. So heißt auch ihr gleichlautender Projektentwurf, dem der Stadtrat im Dezember 2010 zugestimmt hat. Die Planer konzentrieren sich dabei auf die Bereiche Lebensqualität, Umwelt, Infrastruktur und Verkehr. Erste große Maßnahme ist der Grüngürtel auf der Promenade du Paillon: Vom Jardin Albert 1er bis hin zum Théâtre National ist in den vergangenen Jahren eine Parkanlage mitten in der Stadt entstanden. Dem sind der Busbahnhof und zwei Parkhäuser gewichen. In vier neuen Parkanlagen sollen in den nächsten Jahren 77 000 m² Grasflächen angelegt und 2400 Bäume gepflanzt werden. Ein weiteres großes Thema ist der Verkehr mit dem Ausbau der Straßenbahn als Schlüsselprojekt. Vor allem die Promenade des Anglais, die zurzeit sechs Fahrspuren besitzt, verlangt nach Entlastung vom Autoverkehr. Weitere Maßnahmen: Fahrradwege, attraktiveres Tarifsystem der öffentlichen Verkehrsmittel, Park-&-Ride-Systeme. Und was liegt bei 300 Sonnentagen im Jahr näher als die Nutzung von Sonnenenergie? Diese ist in der Region bislang unterentwickelt. Die Verantwortlichen des Projekts „Grüne Stadt des Mittelmeers" wollen Aufklärungsarbeit leisten. Solarzellen – das wäre ein wahrer Fortschritt für eine Region, in der selbst Fahrradwege eine Rarität sind.

SEHENSWERTES

WOHIN ZUERST?
Wer auf der **Place Masséna (140 C5)** steht, hat die Qual der Wahl: Von hier aus lässt sich Nizza sternförmig erkunden. Südlich schließt sich die Altstadt mit der Rue Droite, dem Cours Saleya und der Kathedrale an, in entgegengesetzter Richtung liegt die Neustadt zum Bummeln und Shoppen. Den Kaffee zwischendurch gibt es um die Ecke an der Place du Palais oder auf dem Blumenmarkt. Parkhäuser befinden sich in der Altstadt, am Hafen oder im Einkaufszentrum Nicetoile. Haltestelle der öffentlichen Verkehrsmittel: Place Masséna.

Wie die Tribüne eines antiken Theaters schließen sich die Hügel von Nizza um die Flussebenen des Paillon und des Var. Nizza ist eine große Freilichtbühne: Zwischen Palmen, Luxuslimousinen und Hotelpalästen spielt sich auf den Märkten, in den verschlungenen Gassen und Bars das „normale" Leben ab.

Im Süden glitzert das Meer, im Norden wächst der Wein. Ob Nizza im Sommer, wenn die Strände voll und die Nächte lang sind, oder INSIDER TIPP Nizza im Winter, wenn die Stadt zur Ruhe kommt, die Temperaturen mild sind und Orangen und Zitronen die Stadt orange und gelb tupfen – jede Jahreszeit hat ihren Reiz! Vorbei an den imposanten Baudenkmälern, die sich die Engländer, Russen und Italiener über die ganze Stadt ver-

Bild: Nizza und die Promenade des Anglais

Metropole am Mittelmeer: Seealpen und Meer bilden den Rahmen, Jetset und Ursprünglichkeit prägen das urbane Leben

teilt gesetzt haben, ist ein Spaziergang durch Nizza wie ein Schlendern durch die wechselhafte Vergangenheit der Stadt: in der Altstadt italienischer Barock, in Cimiez und um den Mont Boron prunkvolle Belle-Époque-Villen, Art déco an der Promenade des Anglais. Den Spaziergang sollten Sie am besten zu Fuß unternehmen – im Zentrum sind die Wege kurz, Autos gibt es viele, Parkplätze wenige. Aktuelle und zukünftige Bauprojekte sind jedoch ganz auf ein fußgängerfreundliches Nizza gerichtet. Maßnahmen wie der Ausbau des öffentlichen Nahverkehrs, das Einrichten verkehrsberuhigter Zonen und neue Fahrradwege haben die Stadt in den vergangenen Jahren immer freundlicher gemacht.

Im Zentrum, auf den vielen Plätzen und Grünanlagen, pulsiert das Leben. Zwischen dem internationalen Treiben aus Geschäftsleuten, Studenten und Besuchern sind es nach wie vor die Einheimischen, die echten Niçois, die den Charakter der Stadt ausmachen. Sie sind mit ihrer Heimat verwurzelt, haben hier ihr

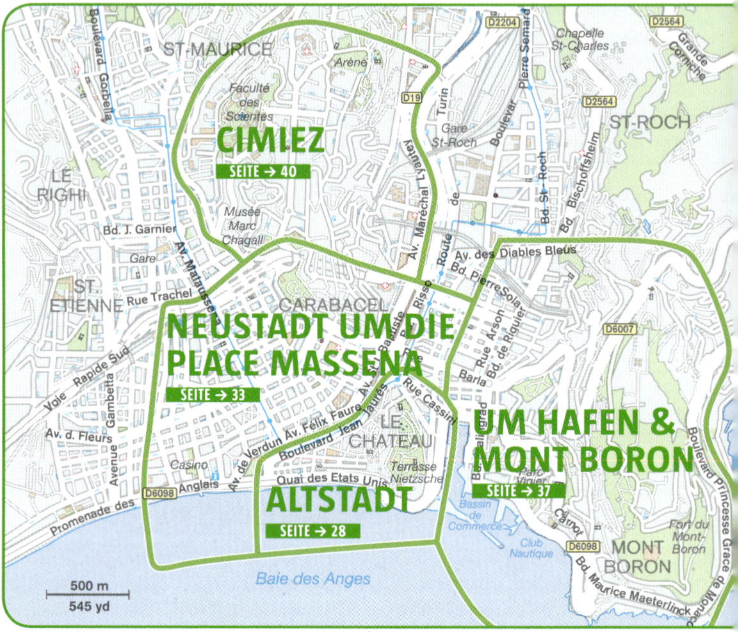

Die Karte zeigt die Einteilung der interessantesten Stadtviertel. Bei jedem Viertel finden Sie eine Detailkarte, in der alle beschriebenen Sehenswürdigkeiten mit einer Nummer verzeichnet sind

ganzes Leben verbracht. Sie pflegen ihre Sprache und Traditionen, werden Sie kulinarisch verwöhnen und Ihnen vormachen, wie köstlich ein Kichererbsenfladen *(socca)* und ein Glas kühler Rosé schmecken können. Oder die Pétanque-Spieler, die diese mediterrane Gelassenheit ausstrahlen, wenn sie unter Pinien wortlos ihre Kugeln werfen. Kein Dorf, kein Städtchen und natürlich kein Nizza ohne die berühmten Sandbahnen, auf denen sich ältere, vereinzelt auch jüngere Herren der provenzalischen Variante des Boule hingeben.

Während am Flughafen die Weltprominenz aus Show und Business startet und landet, haben die einzelnen Stadtviertel von Nizza, selbst die Altstadt, ihre Ursprünglichkeit bewahrt. Und es ist gerade dieses bodenständige, unprätentiöse Nizza, das die Stadt mitten im Glanz und Glamour der französischen Riviera ausmacht. Nizza wird seiner Rolle als Côte-d'Azur-Metropole gerecht und versteht es dabei geschickt, zwischen Weltoffenheit und Tradition zu jonglieren.

ALTSTADT

In der Altstadt pulsiert das Leben der Stadt. Nur wenige Schritte von der Promenade und vom Meer entfernt liegt das Herz des Altstadtviertels: der Cours Saleya mit seinem Blumen-, Obst- und Gemüsemarkt.

Von dort aus spinnt sich ein Labyrinth aus engen Gassen und kleinen Plätzen. Ein Spiel von Schatten und Sonne. Oben barocke Fassaden, unten jede Menge Cafés, Restaurants und kleine, feine Läden und Galerien aller Art. Ein lebendiges, authentisches Viertel – Wäsche hängt aus den Fenstern der farbenfrohen Häuser, Gesprächsfetzen und Musik tönen aus offenen Türen. Hierher kommen die Nizzaer zu ihrem Marktbesuch, zum Einkaufen in den alteingesessenen Altstadtläden, wie zum Beispiel in der Bäckerei *Le Four à Bois (35, Rue Droite)*, aus der der verlockende Duft nach warmem Baguette durch die Straße weht.

Bummeln, besichtigen, Nizzaer Spezialitäten kosten – so vergeht ein Tag in der Altstadt. Alle Sehenswürdigkeiten in diesem Viertel sind zu Fuß zu besichtigen. Nächstgelegene Haltestellen sind mit der Straßenbahn Opéra und Cathédrale, mit dem Bus J. C. Bermond.

1 CATHÉDRALE SAINTE-RÉPARATE (140 C5)

Mitten in der Altstadt liegt die barocke Kathedrale, die der Schutzpatronin Nizzas, der Heiligen Réparate, geweiht ist. Gerade noch auf der quirligen *Place Rossetti*, findet man sich hier im Barock des 17. Jhs. wieder: Der Innenraum ist üppig mit Stuck und Fresken verziert; Altar, Kanzel und Balustraden sind aus Marmor gearbeitet, die Säulen gedreht – Barock in Vollendung. Die Kathedrale wurde unter wechselnden Architekten in drei Phasen errichtet; nach 50 Jahren Bauzeit feierten Nizzas Bürger 1699 ihre Einweihung.

2 COURS SALEYA ★ (140 C5)

Blumenhändler inmitten ihrer Blütenpracht, Bauern hinter Gemüse- und Obstkörben; Oliven und Käse in allen Variationen. Das ist das tägliche Bild auf dem Cours Saleya. Der Platz ist großzügig, hell, gesäumt von ockergelben Häusern

MARCO POLO HIGHLIGHTS

★ Fondation Maeght
Gartenanlage und Museum bei Saint-Paul de Vence sind eine Oase der Kunst → S. 49

★ Musée d'Art Moderne et d'Art Contemporain (MAMAC)
Yves Klein & Co erheben Alltags- zu Kunstobjekten → S. 34

★ Musée National Marc Chagall
Chagalls farbenfrohe biblische Botschaft in einem eigens für sie erbauten Museum → S. 44

★ Port Lympia
Schiffe schaukeln im Wasser, und südländische Fassaden säumen das Hafenbecken → S. 39

★ Villa & Jardins Ephrussi de Rothschild
Herrschaftliche Villa in traumhafter Lage inmitten blühender Themengärten → S. 50

★ Cathédrale Orthodoxe Russe Saint-Nicolas
Das größte russische Gotteshaus außerhalb Russlands → S. 45

★ Cours Saleya
Das Herz der Altstadt: Markttreiben, Cafés, Restaurants → S. 29

★ Opéra de Nice
Der Opernsaal: festlich, prunkvoll, mondän → S. 30

★ Place Masséna
Lebendiger Platz mit italienischem Flair → S. 36

★ Musée Matisse
Auf den Hügeln von Cimiez ruhen die Schätze von Henri Matisse → S. 43

und zum Meer hin von den Flachbauten der *ponchettes,* einer doppelten Häuserzeile aus ehemaligen Werftgebäuden und Fischhandlungen. Der Markt hat eine über 150-jährige Tradition: Seit 1861 bauen die Händler hier jeden Morgen ihre Stände auf. Wer das bunte Treiben liebt, wer gerne schlendert und hier und da eine leckere Kleinigkeit kauft, wer es liebt, am Rand des Geschehens in einem Café zu sitzen, der muss den Tag genau hier starten. Auch Henri Matisse gefiel der Platz: Im *Palais Caïs de Pierlas* an der Ostseite des Platzes lebte und malte er einige Jahre.

Rot-goldenes Arrangement mit Horn in der Opéra de Nice

3 MONUMENT AUX MORTS (141 D5)

Das imposante Denkmal, eingeweiht 1928, wurde für die Opfer des Ersten Weltkriegs errichtet. Das 32 m hohe, in die Felswand des Colline du Château eingelassene Monument thront imposant am Quai Rauba Capeù. Zwei Hochreliefs stellen Krieg und Frieden dar; die fünf Stufen, die zum Denkmal führen, symbolisieren die fünf Kriegsjahre. 3665 Namen erinnern an die Nizzaer Opfer des Kriegs.

4 OPÉRA DE NICE ★ (140 C5)

Puccinis „Tosca" lauschen in roten Samtsesseln unter riesigen Kristalllüstern: Das ist ein Abend in der Oper von Nizza. Die Geschichte des Opernhauses geht auf das Jahr 1776 zurück, als die Marquise Alli-Maccarani ihr ehemaliges Wohnhaus zum Umbau in ein Theater freigab. Vom Théâtre Maccarani ist heute nichts mehr zu sehen. 1826 wurde an dieser Stelle eine Oper im italienischen Stil gebaut, die 55 Jahre später während einer Vorstellung durch einen Brand zerstört wurde. Neu gestaltet hat das Ganze im Stil der Pariser Oper François Aune, Nizzaer Architekt und Schüler Gustave Eiffels. So steht sie als „Monument historique" heute noch und ist Veranstaltungsort von Opern-, Konzert- und Ballettaufführungen. *4–6, Rue Saint-François-de-Paule | www.opera-nice.org*

5 PALAIS LASCARIS (141 D5)

In einer schmalen Gasse liegt versteckt dieser Adelspalast aus dem 17. Jh. Außen unscheinbar, innen Barock pur: Säulen, Fresken und Skulpturen schmücken das monumentale Treppenhaus. Von En-

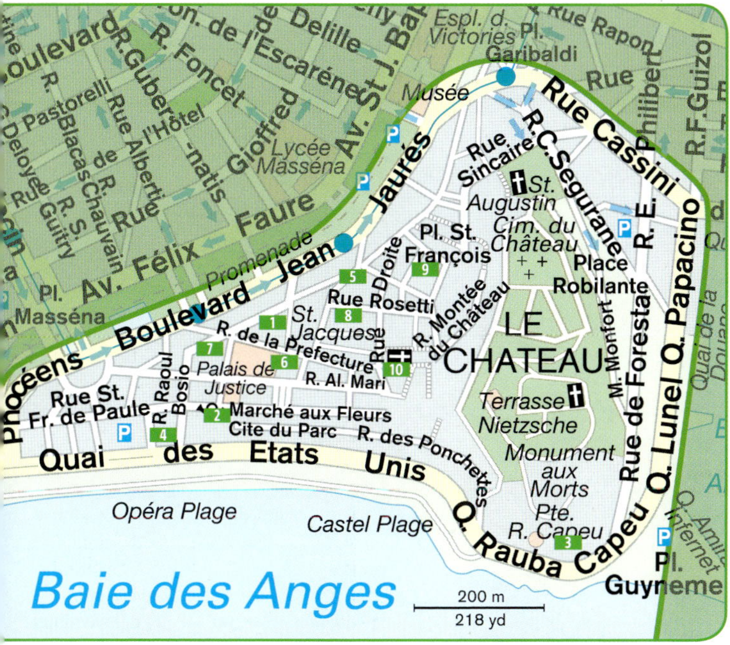

SEHENSWERTES IN DER ALTSTADT

- 1 Cathédrale Sainte-Réparate
- 2 Cours Saleya
- 3 Monument aux Morts
- 4 Opéra de Nice
- 5 Palais Lascaris
- 6 Palais de la Préfecture
- 7 Place du Palais
- 8 Place Rossetti
- 9 Place Saint-François
- 10 Rue Droite

geln begleitet, gelangen Sie in die herrschaftlichen Räume in den oberen Stockwerken. An den Decken befinden sich Fresken mit mythologischen Themen; Stuckarbeiten und Werke der alten Nizzaer Meister zieren die Adelsgemächer. Heute beherbergt der Palast das *Musée de la Musique* mit einer der wichtigsten europäischen Sammlungen alter Instrumente. Im Erdgeschoss sollten Sie unbedingt einen Blick in die Apotheke von 1738 mit ihrer alten Einrichtung werfen! *Mi–Mo 10–18 Uhr | 15, Rue Droite | Eintritt 10 Euro | Führungen Fr 15 Uhr, 5 Euro | www.palais-lascaris-nice.org*

6 PALAIS DE LA PRÉFECTURE (140 C5)

Ein Palast für die Gouverneure und Prinzen Savoyens, eine stattliche Wohnstätte für den hohen Besuch. Ab Anfang des 17. Jhs. residierten sie hier während ihrer Aufenthalte in Nizza. Seit 1860 ist das ehemalige Palais Royal Verwaltungssitz des Départements Alpes-Maritimes und heute leider nicht mehr zu besichtigen. *Rue de la Préfecture*

7 PLACE DU PALAIS (140 C5)

Dominikaner, Franziskaner – sie alle lebten im Zentrum der Altstadt, bis sie wäh-

Déjeuner auf der Place Rossetti: mediterranes Leben vor der Cathédrale Sainte-Réparate

rend der Revolution aus ihren Klöstern vertrieben wurden. An der Place du Palais stand einstmals ein Dominikanerkloster, das 1882 zerstört wurde. Heute steht an dieser Stelle der Justizpalast aus dem Jahr 1892. Die Place du Palais ist ein belebter Platz mit Cafés und wechselnden Märkten.

8 PLACE ROSSETTI (140 C5)

Ein Hauch von Italien. Der belebte Platz mit seinen Cafés und Restaurants ist ein beliebter Treffpunkt mitten in der Altstadt. Hier liegt auch das Hauptgeschäft von *Fenocchio*, des bekanntesten Eiskonditors der Stadt.

9 PLACE SAINT-FRANÇOIS (141 D5)

Auch frische Fische gibt es rund um die *Fontaine aux Dauphins* (Delphinbrunnen): Hier findet jeden Morgen Nizzas Fischmarkt statt. Den kleinen Platz gibt es seit Anfang des 19. Jhs., als an dieser Stelle die Chapelle Saint-Esprit zerstört und der Friedhof samt Garten eines Franziskanerklosters beseitigt wurden. Das heute fast vollständig zerstörte Kloster aus dem 13. Jh. befand sich an der Nordseite des Platzes. Der Uhrturm stammt aus dem 18. Jh. und erhebt sich nun an der Stelle des ehemaligen Glockenturms. Die Klosterkirche dient heute sehr irdischen Zwecken, nämlich der Stadt als Lagerraum.

10 RUE DROITE ● (141 D5)

Kunst über Kunst findet sich in der engen Altstadtgasse. Ursprünglich war sie als direkte Verbindung zwischen dem südlichen und nördlichen Stadttor die Hauptader der Stadt. Hier errichteten viele Nizzaer Adelsfamilien ihre herrschaftlichen Häuser. Heute ist die Rue Droite eine schmale Fußgängerzone und Adresse einer ganzen Reihe von Kunstgalerien und Ateliers.

NEUSTADT UM DIE PLACE MASSÉNA

Die Promenade du Paillon ist ein Treffpunkt zum Plaudern und Bummeln. Kinder fahren Roller, Senioren lösen Kreuzworträtsel, die Gerüchteküche blüht unter den schattigen Laubengängen, Brunnen spenden die notwendige Frische.

Denn Wasser gibt es genug: Unter dem Asphalt fließt der überbaute Fluss Paillon. An die Promenade du Paillon schließt sich zwischen Theater und Acropolis die *Promenade des Arts* an. An der „Promenade der Künste" liegt auch das *MAMAC,* wegen seiner Architektur und Ausstellungsdichte eines der sehenswertesten Museen der Stadt. Nördlich und westlich der Place Masséna befindet sich das Viertel, das heute als „Stadtzentrum" bekannt ist. Händler und Handwerker haben sich dort im 18. Jh. niedergelassen, um das historische Zentrum zu entlasten. Ein angenehmes, internationales Getümmel zwischen trendigen Boutiquen, Luxus-Modedesignern und Bars.

1 ACROPOLIS – PALAIS DES CONGRÈS ET DE LA MUSIQUE (141 D4)

Mit dem Ausstellungskomplex Acropolis hat sich Nizza seit 1984 zur zweitbedeutendsten Kongressstadt Frankreichs hochgearbeitet. Wie ein Schiff thront der 73 000 m² große Komplex auf dem überbauten Fluss Paillon. In dem Eventgebäude sind das gigantische *Auditorium Apollon* mit seiner beispielhaften Akustik, Veranstaltungsräume, eine Cinemathek und das große Messezentrum auf der anderen Straßenseite untergebracht. Studieren Sie mal das Veranstaltungsprogramm – es lohnt sich. *www.nice-acropolis.com | Tramway Acropolis*

2 LA CRYPTE ARCHÉOLOGIQUE PAIROLIÈRE (141 D4)

Bei den Bauarbeiten für die Straßenbahn stießen die Bauarbeiter auf diesen historischen Schatz: Auf einer Fläche von 2000 m² wurden unter der Place Garibal-

LOW BUDG€T

Für „Kultur geballt" lohnt sich der *French Riviera Pass.* Zur Wahl stehen 24-, 48- und 72-Std.-Tickets (26, 38 und 56 Euro). Umsonst gibt es dafür Eintritte in verschiedene Museen in Nizza, Antibes, Biot, Cagnes-sur-Mer und Monaco, Führungen und unbegrenzte Nutzung des Panoramabusses. Verkaufsstellen: *Bahnhof SNCF* **(140 B4)**, *Touristeninformation* **(140 B5)**, am *Flughafen-Terminal 1* **(148 C4)** oder online. *www.frenchrivierapass.com*

Mit den öffentlichen Bussen geht es für 1,50 Euro von Stadt zu Stadt. Cannes, Antibes und Monaco lassen sich so von Nizza aus bequem und vor allem günstig besuchen!

Die städtischen Museen und Galerien sind thematisch gebündelt. Es gibt Sammeltickets „Zeitgenössische Kunst", „Bildende Künste", „Wissenschaft" und „Geschichte". Der Preis für ein Sammelticket für mehrere Museen beträgt 10 Euro – genauso viel wie ein Einzelticket ... Das Ticket ist 48 Stunden gültig.

di die Ruinen der Festungsanlage um die Porte Pairolière aus dem 14. Jh. entdeckt. Sie war für die Grafschaft Nizza zentraler Bestandteil der Verteidigungsanlage. Auf Anordnung von Ludwig XI. verschwanden die Mauers für drei Jahrhunderte im Untergrund. *Mo geschl., Führungen (auf Französisch) 14, 15, 16 Uhr (tel. oder via Website anmelden) | 5 Euro | Place Jacques Toja | Tel. 04 92 00 41 90 | www.nice.fr | Tramway Garibaldi*

3 JARDIN ALBERT 1ER

(140 B–C5)

Palmen, Brunnen, schattige Bänke: Zwischen der Promenade des Anglais und der Place Masséna erstreckt sich der Jardin Albert 1er. Nicht zu übersehen durch die 19 m hohe und 38 m lange Skulptur *Arc 115°5* von Bernar Venet – eine Stahlskulptur aus Venets wiederkehrendem Motiv „Arcs" (Bögen). Außerdem in dem ältesten Garten Nizzas: der Brunnen *Fontaine des Tritons*, ein Karussell und das *Théâtre de Verdure,* in dem unter anderem im Juli das bekannte Jazzfestival stattfindet. Und das Ganze mit Blick aufs Meer. *Tramway Masséna*

4 MUSÉE D'ART MODERNE ET D'ART CONTEMPORAIN (MAMAC) ★

(141 D4)

Vier Türme aus Carrara-Marmor, dazwischen Glasbrücken: Der Architekt Yves Bayard hat sich das perfekte Monument ausgedacht, um diese Sammlung der französischen und amerikanischen avantgardistischen Bewegung von den 60er-Jahren bis heute auszustellen. Auf dem Vorplatz: Skulpturen von Niki de Saint Phalle, Alexander Calder und Max Cartier. Höhepunkte der Ausstellung sind die Werke von Yves Klein, dem Farbtechniker für Ultramarinblau; Arman, dem König der „Akkumulation" und INSIDER TIPP Ben (Vautier), einem Mitbegründer der Fluxus-Bewegung. Fluxus ist eine Aktionskunst, die Leben und Kunst verbindet, statt beides voneinander abzuschotten. Der Bildhauer César verwandelt Autos

Ein Stahlbogen, der zum Spielen verführt: Bernar Venets „Arc"-Skulptur im Jardin Albert 1er

SEHENSWERTES RUND UM DIE PLACE MASSÉNA

- **1** Acropolis – Palais des Congrès
- **2** La crypte archéologique Pairolière
- **3** Jardin Albert 1er
- **4** MAMAC
- **5** Place Garibaldi
- **6** Place Masséna
- **7** Théâtre de la Photographie et de l'Image

durch Kompression in Kunstwerke. Sehenswert ist die *Bibliothèque Louis Nucéra* gegenüber vom Museum: Die Skulptur *Tête Carrée* von Sacha Sosno hat ihr ihren Spitznamen gegeben – Quadratschädel. *Di–So 10–18 Uhr | Place Yves Klein | Eintritt 10 Euro | www.mamac-nice.org | Tramway Garibaldi*

5 PLACE GARIBALDI (141 D4)

Der Platz wurde Ende des 18. Jhs. vom Architekten des Hafens entworfen und erfuhr im Lauf der Jahre viele Veränderungen, die letzte 2008. Seit dieser gelungenen Restaurierung ist der Platz zu 90 Prozent Fußgängerzone und hat den im 19. Jh. verlorenen Glanz zurückerhalten. Die vier Seiten werden von Häuserreihen mit Arkaden im feinen Turiner Stil gesäumt, die Geschäfte, Cafés und ein Kino beherbergen. Die Statue des gebürtigen Nizzaers Giuseppe Garibaldi hat ihren Platz gewechselt, ist aber nach wie vor gen Italien ausgerichtet: eine Strafe, die ihm angeblich die Bewohner Nizzas wegen seiner proitalienischen Einstellung auferlegten, nachdem Nizza 1860 im Vertrag von Turin Frankreich zugesprochen wurde.

6 PLACE MASSÉNA ★ (140 C5)

Nur einen Schritt ist es aus den engen Gassen der Altstadt hinaus auf die weite Place Masséna: ein ausladender Platz im Turiner Stil, gesäumt von Arkaden und Häusern in pompejanischem Rot. Hier trennen sich die Alt- von der Neustadt, die verwinkelten Straßen von den breiten Promenaden, das historische vom modernen Nizza. Plötzlich italienisches Großstadtflair. Nördlich des Platzes verläuft schnurgerade die Einkaufsstraße *Avenue Jean Médecin*, in westlicher Richtung nimmt hier die Fußgängerzone *Rue Masséna* ihren Anfang.

Auf dem südlichen Teil des Platzes steht die *Fontaine du Soleil*. In der Mitte dieses Brunnens thront Apollo. Die 7 m hohe Statue war wegen angeblicher Anzüglichkeit für dreißig Jahre vom Platz verbannt. 2011 hat sie, umgeben von fünf Bronzestatuen, die die Planeten Saturn, Mars, Erde, Venus und Merkur verkörpern, auf die Place Masséna zurückgefunden. An der östlichen Seite des Platzes beginnt die *Promenade du Paillon*, eine 12 ha große Parkanlage (s. S. 123). *Tramway Masséna o. Jean Médecin*

7 THÉÂTRE DE LA PHOTOGRAPHIE ET DE L'IMAGE ● (140 C4)

Fotoausstellungen und Konzerte: In der stilvollen Belle-Époque-Villa gibt es beides. Neben wechselnden Ausstellungen rund um Länder und Menschen ist die permanente Ausstellung der Stadt Nizza und Charles Nègre gewidmet, Fotograf der ersten Generation, der 1863–65 sein Nizza in 40 Fotografien festgehalten hat. Wundervolle alte Bilder einer vergangenen Zeit! Ein schöner Rahmen auch für die modernen und klassischen Konzerte, die hier oft stattfinden. *Di–So 10–18 Uhr | 27, Blvd. Dubouchage | Eintritt 10 Euro | www.tpi-nice.org | Tramway Jean Médecin*

Die Fontaine du Soleil auf der Place Masséna, in der Mitte ein 7 m hoher marmorner Apoll

SEHENSWERTES UM HAFEN & MONT BORON

1 Boulevard Mont Boron
2 Château de l'Anglais
3 Club Nautique de Nice
4 Parc Forestier du Mont Boron
5 Place de l'Île de Beauté
6 Port Lympia
7 Weg am Meer

UM HAFEN & MONT BORON

Am späten Nachmittag zeigt sich der Hafen mit seiner italienisch anmutenden Architektur von seiner schönsten Seite. Die roten und ockerfarbenen Fassaden aus dem 19. Jh. schimmern in der untergehenden Sonne, in den Bars werden Aperitifs serviert, Schiffsmasten ragen in den Himmel.

Von geschäftigem Treiben ist jedoch nichts zu spüren: Der Hafen von Nizza wirkt zwischen den privaten Yachten und den Fähren, die auf ihre Abfahrt nach Korsika warten, eher verträumt als geschäftig. Die Geschichte des Hafens beginnt 1749: Als die historische Hafenbucht Saint-Lambert zu klein wird, entscheidet der Herzog von Savoyen, Karl Emmanuel III., einen neuen Hafen auf dem sumpfigen Gelände Lympia zu bauen. Den großen Aufschwung erlebt der Hafen jedoch nie; er steht immer hinter Marseille und Genua zurück. Die Ein- und Ausfuhr von Olivenöl, Salz und Weizen blüht zwar zeitweise, aber schon Ende des 19. Jhs. ist die Hafentechnik veraltet. Erst die touristische Revolution des 20. Jhs. mit Yachten und Fährverkehr hauchte dem Hafen wieder Leben ein.

1 BOULEVARD MONT BORON (141 E3–4)

Ein Prachtboulevard: Die Straße durchkreuzt ein Villenviertel, in dem ein herrschaftlicher Belle-Époque-Bau neben dem anderen steht. Das *Château de la Tour* (Nr. 15) mit seinen Erkertürmen war einst Teil des Château de l'Anglais (siehe unten). Die *Villa Beau-Site* (Nr. 17) mit ihren Säulenhallen und dem monumentalen Musikzimmer wurde 1890 von dem berühmten Architekten Sébastien-Marcel Biasini umgestaltet. Unter Hausnummer 55 ist die *Villa Les Hautes Roches* zu sehen. Sie sticht mit ihrem Anklang an Renaissanceschlösser aus den Nachbargebäuden heraus. Die *Villa des Coccinelles* („Marienkäfervilla", Nr. 57) ist ein perfektes Beispiel für den „Sahnetortenstil", der um 1900 Furore machte. Und ganz nebenbei gewährt die Fahrt über den Boulevard einen herrlichen Blick auf Nizza und das Meer.

2 CHÂTEAU DE L'ANGLAIS (141 F6)

Es sieht aus wie ein rosafarbenes Sahnetörtchen – das exotische Gebäude an der äußersten Spitze des Cap de Nice. Das Château de l'Anglais wird von den Nizzaern noch lieber „La folie de l'Anglais" (die Verrücktheit des Engländers) genannt. Heute gehört das Schlösschen fest zum Landschaftsbild. Es ist das Werk des reichen Oberst Robert Smith, der 1857 von seinem Militäreinsatz in Indien zurückgekommen war und innerhalb von vier Jahren auf dem felsigen Grund sein Schloss baute. Dort thront es bis heute und zieht durch seine architektonische Extravaganz die Aufmerksamkeit auf sich. *Bus Château de l'Anglais*

3 CLUB NAUTIQUE DE NICE (141 E5–6)

Der Club Nautique hat eine lange Geschichte: Gegründet 1883, gingen hier schon König Alfons XIII. von Spanien, Gustave Eiffel und Henri Matisse ein und aus. Zunächst nur Yachtclub, kamen schon bald darauf die Disziplinen Rudern und später Segeln dazu. Lust auf einen Schnupperkurs? Regelmäßig werden Ruder-, Paddleboard und Segelkurse ange-

boten, auch für Kinder ab 7 Jahren. *Ganzjährig geöffnet | 50, Blvd. Franck-Pilatte | Tel. 04 93 89 39 78 | www.cnnice.fr*

4 PARC FORESTIER DU MONT BORON (141 F4–6)

Park mit Aussicht: Über 11 km ziehen sich die markierten Wege durch 57 ha Pinien, Eukalyptus, Zypressen und wilde Orchideen. Auf 178 m Höhe erreichen Sie den Aussichtspunkt mit Doppelpanorama auf die Baie des Anges und Villefranche-sur-Mer. Ausgangspunkt eines Spaziergangs in der wilden, farbenreichen Natur kann auch das *Fort du Mont Alban* – ein schönes Exemplar der Militärarchitektur des 19. Jhs. – im Norden des Parks sein. Auch von hier aus haben Sie einen Panoramablick der Extraklasse: eine atemberaubende Aussicht auf die Bucht von Villefranche, das Cap Ferrat und Beaulieu. *Bus 14 ab Cathédrale/Vieille Ville bis Mont Boron (25 Minuten)*

5 PLACE DE L'ÎLE DE BEAUTÉ (141 D4–5)

An der Stirnseite des Hafens liegt der Platz Île de Beauté. Die Kirche *Notre-Dame du Port* ist umgeben von symmetrisch angeordneten neoklassizistischen Gebäuden mit schönen Arkadengängen. Die Kirche sollte den Hafen beschützen, Seefahrer vor ihrer Abreise segnen und die Fischer nach der Heimkehr empfangen. An dem Platz steht das *Geburtshaus von Giuseppe Garibaldi,* dem Verfechter der italienischen Einheit und einem der berühmtesten Söhne der Stadt. So schön wie sein Name könnte der Platz sein, wären da nicht die vielen Autos, die ihn heute kreuzen. *Bus Le Port*

6 PORT LYMPIA ★ (141 D5)

Wie es so ist – in einem Hafen riecht es nach Abenteuer und weiter Welt: wenn Schiffe aufgerüstet werden, Masten und Tauwerk knarzen und die Hörner der

Ein Mastenwald vor bunten Appartementhäusern: Motoryachten und Segelschiffe im Port Lympia

großen Meereskreuzer ertönen. So legen auch in Nizza Yachten, Fähren und Kreuzfahrtschiffe an oder stechen wieder in See. Auf der Ostseite, am *Quai de deux Emmanuels*, liegen die guten Restaurants der Stadt dicht beieinander; die Häuser auf der Westseite entlang des *Quai Papacino* und des *Quai Lunel* sind im italienischen neoklassizistischen Stil mit barocken Elementen gebaut – bemerkenswert ist z. B. die Architektur des *Maison Liprandi (20, Quai Lunel)* aus dem 18. Jh. *Bus Le Port*

7 INSIDER TIPP WEG AM MEER
(141 E–F 5–6)

Lust auf einen Spaziergang? Ausgehend vom *Parc Vigier* oder vom *Jardin Félix Raynaud* können Sie über in Felsen gebaute wilde Wege in 20 Minuten das Cap de Nice erreichen (s. Erlebnistour 2) und in etwas über einer Stunde zum Mont Boron spazieren. Wahnsinnig romantisch! *Bus Parc Vigier*

CIMIEZ

Antike Geschichte und Kunst mitten in der Villengegend von Nizza – das ist das Viertel Cimiez auf den Hügeln nördlich des Stadtzentrums. Ein Ruhepol im Großstadttreiben: Gärten und Parkanlagen für die Entspannung, Geschichte und Kultur für den Genuss.

Wo sich heute prunkvolle Belle-Époque-Villen aneinanderreihen, zeugen römische Ruinen von der frühen Geschichte Cimiez'. Ein Muss für alle Kunstliebhaber ist das Werk der beiden großen Maler Marc Chagall und Henri Matisse – zu besichtigen in zwei fantastischen Museen. Die Meister der Farben und Formen verewigten ihre Liebe zu Nizza in ihren Werken: farbenfroh und leicht – wie das Leben an der Baie des Anges. Und nicht zu vergessen die Franziskanermönche, die sich ebenfalls auf dem Hügel von Cimiez niedergelassen haben. Herrliche Häuser,

Großbürgerliche Pracht: Am Boulevard de Cimiez ist ein Gebäude schöner als das andere

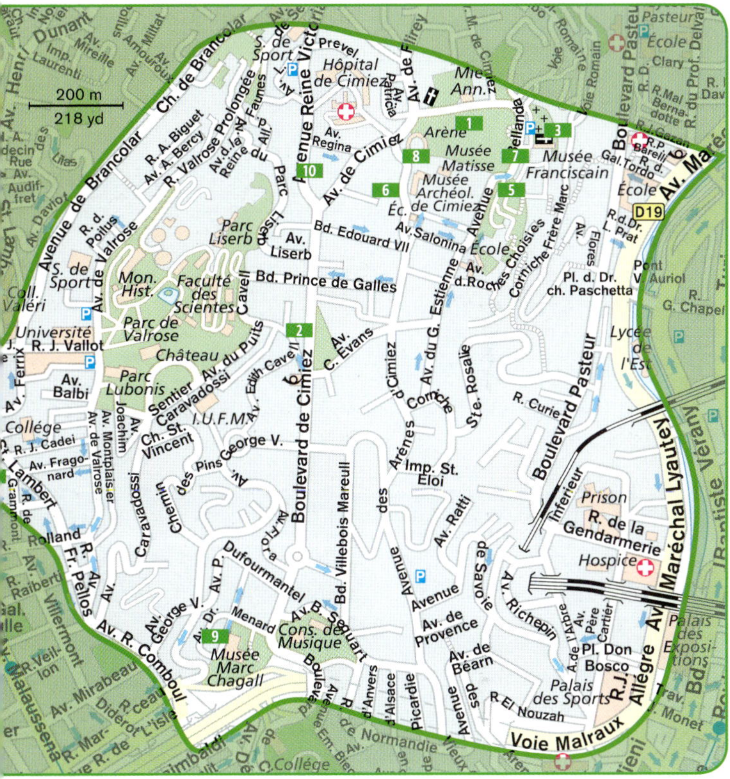

SEHENSWERTES IN CIMIEZ

1 Arènes et Parc de Cimiez
2 Boulevard de Cimiez
3 Notre-Dame-de-Cimiez
4 Sainte Jeanne-d'Arc
5 Jardin du Monastère
6 Musée et Site Archéologique de Nice-Cimiez
7 Musée Franciscain
8 Musée Matisse
9 Musée National Marc Chagall
10 Palais Régina

Ruinen, Kloster, Park und Museen: Alles liegt nur ein paar Schritte voneinander entfernt!

1 ARÈNES ET PARC DE CIMIEZ

(140 C1)

Die Arena von Cimiez wurde im 1. Jh. gebaut und bot 5000 Zuschauern Platz. Wo vor 2000 Jahren Gladiatoren um ihr Leben kämpften, finden heutzutage kulturelle Veranstaltungen und Feste statt. Die Parkanlage mit Pinien und Olivenbäumen bietet einen weiten Blick über die Dächer von Nizza, viel Platz zum Spielen und Pausieren und an warmen Sommertagen Schatten und Entspannung. *April/Mai/Sept. tgl. 8–19, Juni–Aug. 8–20, Okt.–März 8–18 Uhr | 160, Av. des Arènes | Eintritt frei | Bus Arènes/Musée Matisse*

Notre-Dame-de-Cimiez: In der Klosterkirche dominiert der Ehrfurcht gebietende Altaraufsatz

2 BOULEVARD DE CIMIEZ (140 C2)

Ein Städtebauprojekt der Extraklasse: 1880 kaufte Henri Germain, Gründer der Bank „Crédit Lyonnais", die Olivenhaine der Colline de Cimiez. Er beauftragte seinen Freund Sébastien-Marcel Biasini mit der Gestaltung des Boulevard de Cimiez, der bis zum *Palais Régina* (s. S. 44) führt, der Krönung des gewaltigen privaten Bauprojekts. *Le Grand Palais* (Nr. 2) im klassischen französischen Stil galt damals mit seinen neun Etagen als technisches Meisterwerk. *Le Majestic* (Nr. 4) kündigt den Baustil der 30er-Jahre an – viele Erker und Belvedere-Terrassen. In der *Villa Paradisio* (Nr. 24) im Stil Ludwigs XV. ist heute eine Musikschule untergebracht. Die Villen *Raphaeli-Surany* (Nr. 35) und *L'Alhambra* (Nr. 46) gegenüber erinnern an den um 1900 beliebten maurischen Stil. Ein Beispiel typischer Nizzaer Architektur der Jahrhundertwende sehen Sie am *Winter Palace* (Nr. 84) – eine weiße Fassade, mit Stuck verziert.

3 EGLISE ET MONASTÈRE NOTRE-DAME-DE-CIMIEZ ● (141 D1)

In der Klosterkirche aus dem 15./16. Jh. sind drei Hauptwerke des Nizzaer Malers Louis Bréa und ein monumentaler Altaraufsatz aus geschnitztem, mit Blattgold verziertem Holz zu besichtigen. Die drei Altäre von Bréa, entstanden zwischen 1475 und 1515, zeigen ein Vesperbild, die Kreuzigung und die Kreuzabnahme. Auf dem Friedhof des Klosters sind die Künstler Raoul Dufy und Henri Matisse sowie der Schriftsteller Roger Martin du Gard beigesetzt. *Tgl. 8–12 u. 14.30–18.30 Uhr | Place du Monastère | Eintritt frei | Bus Arènes/Musée Matisse o. Monastère*

4 EGLISE SAINTE JEANNE-D'ARC (140 B2)

„Meringue" (Baiser) wird die katholische Kirche aufgrund ihrer ungewöhnlichen Architektur genannt – futuristisch mit Einflüssen des Jugendstils. Tatsächlich sticht sie mit ihren weißen, runden Formen ins Auge. 1913 war Baubeginn; fertiggestellt wurde sie aber erst 1933. *11, Rue Grammont | Tramway Borriglione*

5 INSIDER TIPP JARDIN DU MONASTÈRE (141 D1)

Neben der Klosterkirche *Notre-Dame-de-l'Assomption* befindet sich der Klostergarten mit Rosenbeeten, Zypressen, Orangenbäumen und einem weiten Blick über Nizza und die Baie des Anges. Das Kloster selbst ist bis heute von Franziskanermönchen bewohnt, für die Öffentlichkeit aber nicht zugänglich. *April/Mai/Sept. tgl. 8–19, Juni–Aug. 8–20, Okt.–März 8–18 Uhr | Place du Monastère | Eintritt frei | Bus Arènes/Musée Matisse o. Monastère*

6 MUSÉE ET SITE ARCHÉOLOGIQUE DE NICE-CIMIEZ (140 C1)

Eine Zeitreise ins Jahr 13 v. Chr.: So weit führt die Geschichte Cimiez' zurück, als die Römer hier die Siedlung Cemenelum gründeten. Die Sammlung zeigt Funde von Ausgrabungen aus Cimiez und Umgebung und ist Zeugnis der griechischen und römischen Vergangenheit. Das 2 ha große Areal umfasst Thermalanlagen, Wohn- und Geschäftsviertel. *Mi–Mo 10–18 Uhr | 160, Av. des Arènes | Eintritt 10 Euro | www.musee-archeologique-nice.org | Bus Arènes/Musée Matisse*

7 MUSÉE FRANCISCAIN ● (140 D1)

Die Ausstellung dokumentiert das Leben der Franziskaner in Cimiez vom 16. Jh. bis heute. Gezeigt werden Dokumente und Kunstwerke wie Fresken, Gemälde und Skulpturen. *Mo–Sa 10–12 u. 15–18 Uhr (15. Okt.–April nur bis 17.30 Uhr) | Place du Monastère | Eintritt frei | Bus Arènes/Musée Matisse o. Monastère*

8 MUSÉE MATISSE ★ (140 C1)

In einer genuesischen Villa aus dem 17. Jh. befindet sich mitten in den Gär-

ENTSPANNEN & GENIESSEN

Nichts ist entspannender, als den Blick übers blaue Meer schweifen zu lassen. ● Ebenso blau wie das Meer sind die Stühle, die auf der *Promenade des Anglais* bereitstehen, um sich auszuruhen, zu lesen, zu lunchen. 8 km ist Nizzas Stadtstrand lang: im Winter beliebt zum Spazierengehen und Faulenzen entlang der schützenden Mauer. Im Sommer ist hier Hochbetrieb! Der Steinstrand ist dann bestens ausgerüstet: 15 Strandbars und -restaurants vermieten tageweise Liegen und Sonnenschirme, dazu Duschen, Umkleidekabinen und – angenehm – Service direkt an der Liege. In ist der ● *Castel Beach* am Ende der Bucht, gegenüber vom Hotel La Perouse. Aber auch andere Strände wie der *Blue Beach* oder die ● *Ruhl Plage* sind die richtige Wahl für einen Urlaubstag à la niçoise. Eine Liste aller Strände finden Sie unter *www.plagesdenice.com*. Besonders im Juli und August sollten Sie die Liegen vorab reservieren! Natürlich gibt es auch frei zugängliche Strände, gut gepflegt und ebenfalls alle mit Duschen ausgestattet. Laut europäischer Norm ist das Badewasser von Nizza von ausgezeichneter Qualität. Nur Sandstrände werden Sie in Nizza vergeblich suchen – die beginnen weiter westlich in Antibes/Juan-les-Pins.

Cathédrale Saint-Nicolas: seit fast 100 Jahren Zeugnis russischen Lebens an der Côte d'Azur

ten von Cimiez das Museum, das das Schaffen des berühmten französischen Künstlers zeigt. Neben Gemälden, Zeichnungen und Skulpturen beherbergt das Museum Fotografien und Gegenstände aus Henri Matisse' Privatsammlung. *Mi–Mo 10–17 Uhr | 164, Av. des Arènes de Cimiez | Eintritt 10 Euro | www.musee-matisse-nice.org | Bus Arènes/Musée Matisse*

9 MUSÉE NATIONAL MARC CHAGALL ★ ● (140 C3)

Die gesamte Entstehungsgeschichte von Chagalls Werk „Biblische Botschaft" (Message Biblique) ist in diesem Museum zu besichtigen. Die Biblische Botschaft setzt sich aus 17 Gemälden zusammen, die 1954–67 im Atelier des Malers in Saint-Paul de Vence entstanden. Der Architekt André Hermant hat das Gebäude speziell für dieses Werk in Zusammenarbeit mit Marc Chagall entworfen. Die für Chagall typischen fröhlichen Farben und Formen kommen hier besonders zum Leuchten und schaffen, zusammen mit dem das Museum umgebenden Garten, einen Ort der Leichtigkeit. *Nov.–April Mi–Mo 10–17, Mai–Okt. 10–18 Uhr | Av. du Docteur Ménard | Eintritt 8 Euro (am 1. So im Monat frei) | www.musee-chagall.fr | Bus Musée Chagall*

10 PALAIS RÉGINA (140 C1)

Prunkvollster Belle-Époque-Bau Nizzas. Gebaut 1897 innerhalb von 15 Monaten, war es als Hôtel Excelsior Régina Palace den Besuchen der Königin Victoria von England gewidmet. 1938 kaufte Henri Matisse zwei Appartements in dem ehemaligen Hotel, die er bis zu seinem Tod 1954 bei seinen Aufenthalten in Nizza bewohnte. Heute sind die Wohnungen des Palais Régina in Privatbesitz und der Öffentlichkeit nicht zugänglich. Auf dem Weg durch Cimiez ist das Palais aber unbedingt einen Blick wert. *Kreuzung Blvd. de Cimiez/Av. Reine Victoria*

IN ANDEREN VIERTELN

CATHÉDRALE ORTHODOXE RUSSE SAINT-NICOLAS ★ (140 A4)

Grüne Zwiebeltürme ragen in den Himmel – ein Hingucker in der Silhouette Nizzas. Es sind die Türme der russischen Kathedrale, des größten russischen Gotteshauses außerhalb Russlands. Die Kathedrale aus terrakottafarbenem Backstein, hellgrauem Marmor und leuchtenden Keramiken ist nicht nur ein wunderschönes Gebäude, sondern auch Zeugnis der russischen Vergangenheit Nizzas. Russische Adelsfamilien und Mitglieder des Zarenhofs ließen sich im 19. Jh. an der Côte d'Azur nieder. Der Bau einer Kathedrale wurde notwendig. 1912 feierte die russische Gemeinde die Einweihung ihres Gotteshauses. Beeindruckend geht es im Inneren der Kathedrale weiter: wertvolle Ikonen, Fresken und Holzschnitzereien. *Di–So 9–12 u. 14–18 Uhr | Eintritt mit kurzen Hosen/Röcken u. schulterfreien T-Shirts nicht gestattet | Av. Nicolas II | www.cathedrale-russe-nice.fr | Bus Tzarewitch/Gambetta*

Der größte russische Friedhof der Côte d'Azur, der *Cimetière Russe de Caucade (Di/So 14–17, Mi–Sa 9–12 u. 14–17 Uhr | 78, Av. Sainte-Marguerite | Bus Cimetière de Caucade)*, wurde 1867 angelegt. Er liegt im Viertel Arénas (145 D3) (*🕮 D3*). Russische Adelige, Maler und Schriftsteller, wie der Philosoph Alexander Herzen, fanden hier ihre letzte Ruhe.

MUSÉE DES ARTS ASIATIQUES (149 D3) (*🕮 D3*)

Zen-Attitüde! Schon das Gebäude ist sehenswert: Der japanische Architekt Kenzo Tange hat das Meisterwerk aus weißem Marmor in einem künstlichen See in einem 7 ha großen Park entworfen. „Das Museum ist ein Schwan, der auf dem Wasser eines ruhigen Sees inmitten einer üppigen Vegetation an der Mittelmeerküste schwimmt", so Tange. Im Museum gibt es vier Räume, die China, Japan, Indien und Südostasien gewidmet sind. Im ersten Stockwerk ist der

Musée des Arts Asiatiques: Die Präsentation der Objekte lenkt den Blick aufs Wesentliche

Buddhismus mit einer bemerkenswerten Sammlung vertreten. Ein besonderes Highlight: der INSIDER TIPP *Teepavillon* mit einer regelmäßigen Teeverkostung und Teezeremonie (So 15 Uhr, 10 Euro, tel. Anmeldung nötig). *Mai–15. Okt. Mi–Mo 10–18, 16. Okt.–April 10–17 Uhr | 405, Promenade des Anglais | Eintritt frei | Tel. 04 92 29 37 02 | www.arts-asiatiques.com | Bus Arénas*

MUSÉE DES BEAUX-ARTS (140 A5)
Seit 1928 befindet sich das städtische Museum der Schönen Künste in den Räumen des prunkvollen Palais, der 1878 für die ukrainische Prinzessin Elisabeth Kotchoubey gebaut wurde. Die Villa mit ihrem Garten, dem Atrium und der monumentalen Treppe ist ebenso sehenswert wie die kleine, aber feine Sammlung des Museums. Zu den Exponaten gehören Gemälde des Rokokomalers Jean-Honoré Fragonard und der Impressionisten Eugène Boudin, Edgar Degas, Claude Monet und Alfred Sisley. Im großen Ausstellungsraum befinden sich Werke von Raoul Dufy – von ersten kubistischen Versuchen bis zum Spätwerk. Ein Teil des Museums ist Jules Chéret, einem Wegbereiter der modernen Plakatmalerei, gewidmet. *Mi–Mo 10–18 Uhr | 33, Av. des Baumettes | Eintritt 10 Euro | www.musee-beaux-arts-nice.org | Bus*

INSIDER TIPP **MUSÉE INTERNATIONAL D'ART NAÏF ANATOLE JAKOVSKY**
(149 D3) (*D3*)
Einfach, bunt, unbekümmert, Reisen in eine imaginäre Welt – die naive Malerei vom 18. Jh. bis heute ist in dem ehemaligen Stadtschloss des Parfumeurs François Coty zu bewundern. Einer Schenkung von Anatole Jakovsky ist es zu verdanken, dass Nizza heute eine der weltweit bedeutendsten Ausstellungen der naiven Kunst besitzt. Und was es zu sehen gibt, ist in der Tat erstaunlich: ca. 600 Werke von berühmten Malern wie Bauchant, Bombois, Vivin, Séraphine oder Rimbert. *Mi–Mo 10–18 Uhr | Château Sainte-Hélène | 36, Av. Val Marie | Eintritt 10 Euro | Bus Vallon Barla*

OBSERVATOIRE DE NICE (141 F1)
Charles Garnier als Architekt und eine riesige, mobile Kuppel von Gustave Eiffel, die mit 18 m Länge und 76 cm Durchmesser eines der größten Fernrohre der Welt beherbergt – das ist das Observatorium von Nizza. Der Traum von Louis-Raphael Bischoffsheim wurde 1887 fertiggestellt und steht heute unter Denkmalschutz. Das Observatorium spielte sehr früh eine wichtige Rolle in der Astronomie und hat heute noch maßgeblichen Anteil an Forschungen in Physik und Astrophysik. Die Spezialisten erklären selbst – leider nicht auf Deutsch. Und nicht nur der Blick nach oben lohnt sich: Eine tolle Aussicht über die Baie des Anges gibt es vom 40 ha großen Park aus. *Besichtigung Mi/Sa/So 14.45 Uhr (Anmeldung über Website nötig) | Blvd. de l'Observatoire | Eintritt 6 Euro | www.oca.eu | Bus Observatoire*

VILLA ARSON (140 A1)
Eine prunkvolle Villa aus dem 17. Jh., umgeben von moderner Architektur aus Kieselsteinen und Beton mit weitläufigen Terrassen und Gärten: Die Villa Arson ist ein Zentrum für zeitgenössische Kunst, in dem die Ecole Supérieure Nationale d'Art und das Centre National d'Art Contemporain untergebracht sind – Institutionen, die eine internationale Referenz für junge, hier ausgebildete Künstler bedeuten. Der Architekt Michel Marot, ein Schüler von Walter Gropius, schmückte die 2 ha große Gartenanlage mit zahlreichen Kunstwerken. Wechselnde Ausstellungen zeitgenössischer Kunst. *Mi–Mo 14–18 Uhr (Juli–Sept. bis 19 Uhr) | 20, Av.*

Stephen Liégeard | Eintritt frei | www.villa-arson.org | Bus Le Ray o. Deux Avenues

ZIELE IN DER UMGEBUNG

Nur ein Katzensprung ist es vom Zentrum in die Hügel von Nizza – und der kleine Ausflug lohnt sich unbedingt. Denn hier sind einige Sehenswürdigkeiten versteckt, die nicht am Wegesrand liegen – umso spannender ist es, sich auf den Weg zu ihnen zu machen.
Bekannter sind da schon das Cap Ferrat, die prächtigen Villen Ephrussi de Rothschild und Kerylos sowie im Hinterland von Nizza die Fondation Maeght beim Örtchen *Saint-Paul de Vence,* das sich ab den 20er-Jahren einen fast schon legendären Ruf als Künstlerdorf erworben hat und Refugium vieler Film- und Bühnenstars war.

CAP FERRAT (149 E3) (*E3*)
Ende des 19. Jhs. war die Landzunge zwischen Nizza und Monaco ein verwilderter Grund, genutzt lediglich zur Fuchsjagd. Der belgische König Leopold II., der sich zu dieser Zeit im Grand Hôtel Cimiez aufhielt, entdeckte 1895 das Stückchen Land. Er erwarb zwei Drittel des Geländes und ließ zahlreiche Villen bauen. Darunter die berühmte *Radiana,* einen goldenen Käfig für seine junge Geliebte Blanche Delacroix, sowie die daran angrenzende *Villa des Cèdres* (direkt neben dem Touristikbüro, leider nicht zu besichtigen), die über einen der schönsten botanischen Gärten der Welt verfügt.
Bis heute hat die Halbinsel nichts von ihrem Luxus verloren: Sie gehört zu den teuersten Flecken der Erde, und Berühmtheiten wie Romy Schneider, Gregory Peck, Jean-Paul Belmondo oder Andrew Lloyd Webber besaßen oder besitzen dort ihre Anwesen – übrigens auch der Oligarch Roman Abramowitsch. Die

Die Villa Ephrussi de Rothschild ist heute Museum, umgeben von sieben verschiedenen Gärten

gesamte Halbinsel können Sie auf einem Fußweg umrunden. Schön ist der Weg hinunter zur *Pointe Saint-Hospice,* der Spitze des Caps (ca. 3,5 km ab dem Hafen von Saint-Jean). *10 km*

CASCADE DE GAIRAUT

(149 D2) (*🕮 D2*)

Ein Denkmal der besonderen Art ist der Wasserfall von Gairaut. Er erinnert an das Jahr 1883, seit dem das Wasser des Vésubie-Kanals die Stadt mit Wasser versorgt. Direkt oberhalb des Wasserfalls, der sich in ein symmetrisches Becken ergießt, steht auf einem Steinhügel ein kleines Châlet. Unterhalb des Wasserfalls liegt die kleine Kirche von Gairaut aus dem 17. Jh. *Bus 76 ab Tramstation Comte de Falicon bis Cascade de Gairaut. 7 km*

INSIDER TIPP CHAPELLE DU ROSAIRE

(148 B3) (*🕮 C3*)

Das Spiel von Licht und Sonne ist vormittags am eindrucksvollsten. 1947–51 steckte Henri Matisse all seine Ideen und Liebe zu Licht und Farben in die Gestaltung dieser Kapelle im Örtchen Vence. Von Fenstern und Türen über Bilder bis hin zum Altar – alles stammt aus seiner Hand. Das durch die farbigen Fenster einfallende Licht taucht die Kapelle in einen warmen Schein. Die Kerzenständer sind Matisse' Lieblingsblume, der Anemone, nachempfunden; der Altar ist aus einem

BÜCHER & FILME

Fluchtpunkt Nizza – Thriller-Romanze (2005) von Jérôme Salle, mit Yvan Attal und Sophie Marceau. Die Jagd nach dem Geldwäscher Anthony Zimmer beginnt, als der nach plastisch-chirurgischem Eingriff seine Freundin Chiara in Nizza zu treffen versucht. 2010 gab es das Remake „The Tourist" von Florian Henckel von Donnersmarck mit Angelina Jolie und Johnny Depp

Über den Dächern von Nizza – Alfred Hitchcocks Filmklassiker (1955) mit Cary Grant und Grace Kelly. Von Cannes bis Eze scheucht Cary Grant alias die „Schwarze Katze" einen Juwelendieb, oder ist es eine Diebin?

In der Hitze von Nizza – In Patrick Raynals Krimi (2004) ermittelt Raymond Matas in einem Raubmord. Verdächtiger ist sein ihm bis dahin unbekannter Sohn ...

Die Promenade – Roman (2009) von Véronique Olmi über das Leben der Exilrussen in den 20er- und 30er-Jahren in Nizza. Erzählt aus der Sicht eines kleinen Mädchens, das bei seiner Großmutter lebt, hin- und hergerissen zwischen den Kulturen

Der Nizza-Clan – Polit-Thriller (2006) von Monsieur Rainer über einen Polizeioffizier, der sich im Sumpf von Korruption und Machtmissbrauch behauptet

Das Buch von der Riviera – Ein ungewöhnliches Reisetagebuch. Erika und Klaus Mann erzählen von ihren Erlebnissen an „der Côte". Erstmals 1931 erschienen, ist es nun als Reprint erhältlich

Nizza – mon amour – Dieses Buch (2010) ist immer noch ein perfekter Reisebegleiter und eine große Liebeserklärung von Fritz J. Raddatz an Nizza

Hauptsache, der Künstler findet die Haustür noch: La Maison de Ben

Stein, der der Beschaffenheit von Brot ähnelt. „Das ist mein Meisterstück", urteilte Matisse über das Ergebnis seiner Arbeit. Und Le Corbusier verließ die Kapelle mit den Worten: „Dank Ihnen ist das Leben heute schön." *Di/Do 10–11.30 u. 14–17.30, Mo/Mi/Sa 14–17.30 Uhr, Mitte Nov.–Mitte Dez. geschl. | Vence | Eintritt 6 Euro. 24 km*

FONDATION MAEGHT ★

(148 B3) (*🗺 C3*)

Auf einem schattigen Hügel in der Nähe von Saint-Paul de Vence verbergen sich in einem Pinienhain Kunstschätze – eine der wichtigsten europäischen Sammlungen zeitgenössischer Gemälde, Skulpturen und Zeichnungen: Bonnard, Calder, Chagall, Giacometti, Léger, Miró. Das Ehepaar Marguerite und Aimé Maeght hat die Stiftung 1964 gegründet und zusammen mit dem Architekten Josep Lluís Sert einen wahrhaft der Kunst geweihten Ort geschaffen. Gebäude und Anlage sind von den Künstlern mitgestaltet: Wandmosaike von Chagall und Tal Coat, Brunnen von Bury, ein Fenster und ein Mosaik von Braque, ein Skulpturenlabyrinth von Miró, der Hof mit Bronzefiguren von Giacometti. Von Giacometti ist auch das Mobiliar im *Museumscafé (€)* im Garten. *Tgl.; Okt.–Juni 10–18, Juli–Sept. 10–19 Uhr | Saint-Paul de Vence | Eintritt 15 Euro | Tel. 04 93 32 81 63 | www.fondation-maeght.com. 22 km*

LA MAISON DE BEN

(149 D2) (*🗺 C–D2*)

Wenn Sie schon die Werke von Ben im MAMAC bewundert haben, werfen Sie doch auch noch einen Blick auf sein Haus. Im Garten befindet sich eine bizarre Zusammenstellung von Gegenständen: von Bidets, die als Blumentöpfe dienen, bis zu Fernsehern, vom Rhinozeros bis zu Piratenstatuen. Auf jedem kleinsten Fleck steht ein Spruch mit seiner unverkennbaren Schrift. Das Haus ist leider nicht zu besichtigen. Mehr von Ben Vautier unter *www.ben-vautier.com. „Chez Malabar et Cunégonde" | 103, Route de Saint-Pancrace. 11 km*

Das Château de Crémat steht für fruchtigen Rotwein, frischen Rosé und eleganten Weißwein

LE MOULIN ALZIARI ●
(148 C3) (🕮 D3)

Nicolas Alziari gründete die Ölmühle 1879. Sie ist heute die letzte, die in Nizza noch in Betrieb ist. Die ursprünglichen Mahlsteine zerdrücken immer noch die typischen kleinen Oliven, die *caillettes*, und das Rezept des bekannten Nektars ist unverändert geblieben. Die Mühle ist von November bis März in Betrieb, kann aber ganzjährig besichtigt werden. *Infos zu Öffnungszeiten und Anmeldung per Telefon oder E-Mail | 318, Blvd. de la Madeleine | Eintritt frei | Tel. 04 93 44 45 12 | tourisme@alziari.fr.com | www.alziari.com.fr | Bus La Madeleine. 6 km*

LE VIGNOBLE DE BELLET
(148 C2) (🕮 D2)

In *Saint-Roman de Bellet* befinden Sie sich auf dem winzigen Weinanbaugebiet von Nizza. Die beiden Schlösser – das *Château de Bellet* im Nizzaer Stil mit ockerfarbener Trompe-l'Œil-Fassade und das *Château de Crémat* mit seiner eindrucksvollen Architektur zwischen Mittelalter und Rokoko – sind schon von Weitem zu sehen. Über die außergewöhnlichen Weine von Bellet können Sie in den beiden Châteaux oder bei einer Degustation in einem der Weingüter mehr erfahren. Besichtigung und Verkostung nach Terminvereinbarung. Eine vollständige Liste aller Weingüter finden Sie unter *www.vinsdebellet.com. 14 km*

– Château de Bellet (440, Chemin du Saquier | Les Séoules | Tel. 04 93 37 81 57 | Bus 62)

– Château de Crémat (442, Chemin de Crémat | Tel. 04 92 15 12 15 | Bus 11 Saint-Isidore/Eglise)

– Collet de Bovis (370, Chemin de Crémat | Tel. 04 93 37 82 52 | Bus 11 Saint-Isidore/Eglise)

– Domaine de la Source (303, Chemin de Saquier | Tel. 04 93 29 81 60 | Bus 62)

VILLA & JARDINS EPHRUSSI DE ROTHSCHILD ★ (149 E3) (🕮 E3)

Sieben Jahre benötigte die Baronesse Béatrice Ephrussi de Rothschild, um diesen außerordentlich idyllischen Ort zu bauen. Die Ideen von nicht weniger als 15 Architekten flossen unter ihrer Anleitung in den Bau ein. Als Zeichen ihrer Extravaganz erschien sie nur in rosarotem

Gewand in der Öffentlichkeit. Ihre Villa beherbergt heute eine der wichtigsten und schönsten Kunstsammlungen Frankreichs, u. a. mit Möbeln und Gemälden aus Mittelalter und Renaissance, sowie eine wertvolle Porzellansammlung. Die 7 ha Themengärten sind paradiesisch.

Für ein leichtes Mittagessen oder eine Pause zwischendurch ist die Terrasse des eleganten *Salon de Thé* mit Blick aufs Meer genau das Richtige. Vor dieser imposanten Kulisse findet hier im August das Opernfestival *Les Azuriales (www.azurialopera.com)* statt. *Tgl.; März–Okt. 10–18 Uhr (Juli/Aug. bis 19 Uhr), Nov.–Feb. 14–18 Uhr | Saint-Jean-Cap-Ferrat | Eintritt 13 Euro | Tel. 04 93 01 33 09 | Besichtigung mit 4-sprachiger detaillierter Broschüre | www.villa-ephrussi.com. 8 km*

VILLA GRECQUE KÉRYLOS

(149 E3) *(E3)*

Mit der Nachahmung eines aus dem 2. Jh. v. Chr. stammenden, typisch griechischen Palasts von der Insel Delos hat Parlamentsmitglied und Archäologe Théodor Reinhach den modernen Komfort mit dem Geist der alten Griechen verbunden. Die Villa in Beaulieu-sur-Mer ist mit Kopien und Reproduktionen von Möbeln und Fresken aus dem alten Griechenland eingerichtet. *Tgl.; März–Okt. 10–18 Uhr (Juli/Aug. bis 19 Uhr), Nov.–Feb. 14–18 Uhr | Impasse Gustave Eiffel | Beaulieu-sur-Mer | Eintritt 11,50 Euro | Tel. 04 93 01 01 44 | Besichtigung mit Audioführer auch auf Deutsch | www.villa-kerylos.com. 8 km*

Tipp: Die INSIDER TIPP Kombikarte für die beiden Villen zusammen kostet nur 19 Euro.

VILLEFRANCHE-SUR-MER

(149 D–E3) *(E3)*

Die Altstadt des benachbarten Orts Villefranche erhebt sich wie ein antikes Theater über dem Meer. Folgen Sie der Beschilderung zur kleinen *Chapelle Saint Pierre (Mi–Mo 10–12 u. 14–18, im Sommer 15–19 Uhr, Mitte Nov.–Mitte Dez. geschl. | Eintritt 3 Euro)* mit Fresken von Jean Cocteau. Der malerische Fischerhafen hinter der Kapelle verlockt zu einem Zwischenstopp in einem der Cafés. Parallel zur Uferstraße Quai de l'Amiral Courbet liegt die *Rue Obscure*, eine vollkommen mit Häusern überbaute Straße. *www.villefranche-sur-mer.fr*

RICHTIG FIT!

Die ★ *Promenade des Anglais* ist eine paradiesische Piste für Jogger, Inlineskater und Radler. Begeben sich am frühen Morgen auf die Promenade: Im Licht der ersten Sonnenstrahlen mit Blick aufs Meer ist eine Fitnessrunde ein ganz besonderes Erlebnis. Sie sind dabei sicher nicht allein. Den ganzen Tag über ist die breite Promenade *der* Treffpunkt für bewegungshungrige Nizzaer. An mehreren Stellen werden Fahrräder zum Verleih angeboten (s. S. 133). Und auch Spaziergänger kommen auf der 8 km langen Flaniermeile auf ihre Kosten. Dazu ist der Weg, um sich am und im Wasser sportlich zu betätigen, nicht weit – ein paar Stufen runter zum Strand, und schon bieten sich die vielfältigsten Sportmöglichkeiten: Schwimmen, Beachvolleyball, Segeln oder Rudern, Wasserski, Parasailing, Wakeboard und auch Tauchen (s. S. 133).

ESSEN & TRINKEN

Nizza ist ohne Zweifel die Stadt Frankreichs, die am stärksten ihre eigene Küche entwickelt hat. Was sie so besonders macht, ist die Mischung aus provenzalischen und italienischen Einflüssen. Olivenöl, Knoblauch, Kräuter, Gemüse, aber auch Fleisch, wie die herzhafte daube niçoise, sind Bestandteil dieser lokalen Küche. Petits farcis, raviolis niçoise, pissaladière – das sind die Gerüche Nizzas!

Neben Lyon, wo sich so viele erstklassige Restaurants etabliert haben, ist Nizza auch die einzige Stadt Frankreichs, deren Name direkt mit der Küche in Verbindung gebracht wird: der *cuisine niçoise* oder *nissarde* im Dialekt. Um die traditionellen Rezepte zu bewahren, wurde das Label „Cuisine Nissarde" eingeführt. Sehen Sie im Fenster das Schild mit einer Frau in der Tracht Nizzas, geht es direkt hinein in die authentische Nizzaer Küche! Nizza ist außerdem ein Paradies für Liebhaber von Fisch und Meeresfrüchten. Gegrillter Wolfsbarsch ist ein Leckerbissen! Außerdem werden Sardellen, Rotbarben und Goldbrassen gefangen und mit Raffinesse zubereitet. Aber was wäre ein feiner Fisch ohne den passenden Wein? Den gibt es direkt vor der Haustür: aus den Weinhängen von Bellet. Kenner schätzen die Weine, deren Ruf seit Langem Nizzas Grenzen überschritten hat.

Übrigens: Auch wenn an der Côte d'Azur landesweit die meisten 3-Sterne-Restaurants pro Quadratmeter residieren, ist es dennoch möglich, Nizzas Küche in allen Preislagen zu kosten! In den meisten Re-

Bild: Restaurant Aphrodite

Schlemmen wie Gott in Nizza: Die Metropole am Mittelmeer ist ein Paradies für Liebhaber einer originären mediterranen Küche

staurants werden Menüs angeboten, die preislich ungefähr so viel kosten wie ein Hauptgericht. Besonders attraktiv sind die INSIDER TIPP Mittagsmenüs *(formule du midi)*, deren Preise oft weit unter denen der Abendmenüs liegen!

BISTROS & SHOPS

Delikatessen zwischen Ölfässern und Weinregalen – in Nizza gibt es wundervolle Bistros, die eine ausgewählte kleine Karte und freundlichen Service mit dem Verkauf ihrer Produkte verbinden. Bestens geeignet für ein kleines Essen am Mittag!

MA YUCCA (140 B5)

Es duftet nach Sesam, Sojasauce und gleichzeitig nach typisch französischer Dorade. Bei den Schwestern Yuka und Mayu Ueda haben sich französische und japanische Küche gefunden. In ihrer Boutique *Ma Yucca Maison (Mo, Mi–Sa 11–19 Uhr)* gegenüber gibt es japanische Accessoires, Deko- und Porzellanartikel.

Mo, Mi–Sa 12–14 u. 19–22 Uhr | 26, Rue de la Buffa | Tel. 04 93 88 39 84 | www.mayucca.fr | Tramway Jean Médecin | €€

OLIVIERA ★ (141 D5)
Seine Passion ist das Olivenöl: Mit leuchtenden Augen verkostet Nadim Beyrouti die besten Öle der Region. Im Bistrot serviert er Gerichte von einer monatlich wechselnden Karte. Im Mittelpunkt steht stets das Olivenöl: Jeder Speise wird ein in der Karte ausgewiesenes Öl beigefügt. *Geschäft Di–Sa 10–22 Uhr | Bistrot Di–Sa 12.30–14.30 u. 19.30–21.30 Uhr | 8, Rue du Collet | Altstadt | Tel. 04 93 13 06 45 | www.oliviera.com | €€*

INSIDER TIPP O' QUOTIDIEN
(141 D4)
„Jedes Produkt hat seine Geschichte", schwärmt Carlo Molineros, in dessen Regalen Weine, Öle und Honig aus biologischem Anbau stehen. Hergestellt von Bauern aus Südfrankreich und Italien, die Molinero alle persönlich kennt und bei denen er seine Ware direkt einkauft. Die Tageskarte seines *Bio-Bistrots* findet sich immer frisch auf Facebook. *So/Mo geschl. | 2, Rue Martin Seytour | Tel. 09 66 88 37 21 | www.oquotidien.it | Tramway Garibaldi*

INSIDER TIPP LA PART DES ANGES
(140 C4)
Ja, doch, Sie sind hier richtig! Beim Eintreten stolpert man in Olivier Labarde's kleinem Laden über Weinkartons und Flaschen. Rustikal und originell ist das Bistrot im hinteren Teil des Geschäfts mit täglich wechselnden Gerichten und Zutaten frisch vom Markt. *Mo–Sa 10–20 Uhr | 17, Rue Gubernatis | Tel. 04 93 62 69 80 | www.la-part-des-anges-nice.fr | Tramway Masséna | Bus Wilson | €*

Oliviera: Täglich wird hier bewiesen, dass Olivenöl wohlschmeckend und gesund ist

CAFÉS & SNACKS

BRÛLERIE DES CAFÉS INDIEN (140 C5)
Der Duft frisch gerösteten Kaffees führt in den Laden der alteingesessenen Kaffeerösterei. Ein schneller Kaffee im Stehen und eine riesige, zum Kauf verführende

Auswahl an Kaffeesorten aus aller Welt. *Di–Sa 9–12.30 u. 15–19, So 9–12.30 Uhr | 35, Rue Pairolière*. Weitere Filiale: *2 bis, Rue Sainte Réparate*

LA CIVETTE DU COURS (140 C5)
Der Cours Saleya ist gesäumt von Cafés und Restaurants. La Civette ist eine sonnige Frühstücksadresse mit Marktblick, ein Treffpunkt für den Apéritif und auch bei Einheimischen beliebt. *Tgl. 8–24 Uhr | 1, Cours Saleya | Altstadt | www.civette-cours-nice.fr*

INSIDER TIPP **DELI BO** (141 D4)
Ob zum Frühstück, Mittagessen oder Nachmittagssnack – im Déli Bo gibt es alles: guten Kaffee, Salate, Sandwiches und köstliche Patisserie! Trendig und abseits der Touristenpfade. Für einen Sonntagsbrunch unbedingt reservieren! *Mo–Sa 7–19, So 10–17 Uhr | 5, Rue Bonaparte | Tel. 04 93 56 33 04 | Tramway Garibaldi*

INSIDER TIPP **EMILIE'S COOKIES & COFFEE SHOP**
Eine offene Küche hinter der Bar, in der Céline Molière und Emilie Zmaher Cookies, Muffins und Bagels zubereiten. Sofas und Sessel, Holzboden und Wände, ebenso schokobraun wie die leckere heiße Schokolade und der Cappuccino. *1, Rue de la Préfecture* (140 C5) *(Mo geschl.) | www.emiliescookies.com | Tramway Opéra-Vieille Ville*. Weitere Filiale: *9, Rue Alberti* (140 C4) *(So geschl.)*

KIOSQUE TINTIN ● (140 B3)
Das beste *pan bagnat* gibt es zweifelslos bei Tintin. Direkt am Marché de la Libération gelegen, ein schöner Ort für den typischen und günstigen Mittagsimbiss – das mit Thunfisch, Oliven, Salat, Tomaten und Zwiebeln gefüllte Baguette. *Tgl. 6–15 Uhr | 3, Place Général de Gaulle | Tel. 04 92 09 16 19 | Tramway Libération*

PAIN & CIE ● (140 C5)
Sehr gutes, reichhaltiges Frühstück – wenngleich teurer als der einfache Café Crème mit Croissant um die Ecke. Und tatsächlich: Es gibt hier richtiges Brot mit Mehl aus *l'agriculture biologique!* Beste Altstadtlage am Eingang zum Blumenmarkt. *Tgl. 7.30–23 Uhr | 3, Rue Louis Gassin/Rue Saint-François de Paule | Altstadt*

SUD (140 C5)
An der Rue Félix Faure parallel zur Promenade du Paillon reihen sich die Cafés aneinander. Ein Tipp? Die Brasserie Sud: beliebter Treffpunkt junger Leute. *So geschl. | 10, Av. Félix Faure | Tramway Cathédrale*

MARCO POLO HIGHLIGHTS

★ **Oliviera**
Bistro, in dem sich alles um die Olive dreht: Südfranzösischer geht es kaum → S. 54

★ **Fenocchio**
Riesige Auswahl und die ausgefallensten Eissorten → S. 56

★ **Le Café de Turin**
Das Mekka schlechthin für Meeresfrüchteliebhaber → S. 58

★ **La Maison de Marie**
Hier trifft sich, wer Fan der *cuisine niçoise* ist → S. 58

★ **Terres de Truffes**
Eine Reise in die duftende Welt des Edelpilzes → S. 56

★ **Socca**
Die Spezialität der Stadt gehört zu jedem Nizza-Besuch → S. 59

EIS

AMORINO (140 C5)
Eine Eiserfrischung abseits der Altstadt gibt es bei Amorino. Ohne künstliche Aromen, ohne Farbstoffe, dafür aus Bioeiern und frischer Milch. Blüten aus Eis in Himbeere, Pistazie, Melone und vielem mehr. *Tgl. 12–2 (im Winter bis 19) Uhr | 33, Rue Masséna | www.amorino.com | Tramway Masséna*

FENOCCHIO ★ (140 C5)
Ausgefallen – wie Lavendel, Lakritz oder Ingwer? Oder doch lieber klassisch – wie Schokolade, Nuss oder Aprikose? Über 60 Sorten Eis und mehr als 30 verschiedene Sorbets machen die Wahl mehr als schwer. Doch egal, für welche Sorte Sie sich entscheiden – das Eis von Fenocchio ist spitze! *März–Nov. tgl. 9–24 Uhr | 6, Rue de la Poissonnerie* und *2, Place Rossetti | Altstadt | www.fenocchio.fr*

RESTAURANTS €€€

INSIDER TIPP **LE BISTRO GOURMAND** (140 C5)
David Vaqué hat sich einen Michelin-Stern erkocht. Zu Recht: Das Essen ist top, mediterran und mit Pfiff zubereitet. Menüs gibt es ab 35 Euro (Mittagsmenü 23 Euro). Absolut empfehlenswert! *So u. Mi geschl. | 3, Rue Desboutin | Tel.*

GOURMETTEMPEL

Aphrodite (140 C4)
Gesucht: experimentierfreudige Gäste, die das Außergewöhnliche lieben. Wenn Sie Lust auf ein echtes kulinarisches Erlebnis haben, auf Landschaften auf Ihrem Teller, dann verpassen Sie das Aphrodite nicht. In elegantem Dekor gibt es die neuesten kulinarischen Kreationen von David Faure und dazu seine regionalen Gerichte. *Di–Sa 12–13.30 u. 19.30–21.30 Uhr | Menü 45–103 Euro | 10, Blvd. Dubouchage | Tel. 04 93 85 63 53 | www.restaurant-aphrodite.com | Tramway Jean Médecin*

La Réserve de Nice (141 E5)
1875 als Hotelrestaurant eröffnet, wurde der Restaurantmythos im Jahr 2006 wieder zum Leben erweckt. Die Lage ist etwas Besonderes: Das Gebäude steht auf einem Felsen am Hafeneingang, dahinter öffnet sich der Blick auf die Baie des Anges. Auf der Panoramaterrasse oder im Gourmetrestaurant, eingerichtet im Art-déco-Stil, bekommen die Gäste serviert, was Küchenchef Sébastien Mahuet aus regionalen Produkten zaubert. Wer Fischsuppe liebt: Die „Bouillabaisse de la Réserve" ist ausgezeichnet! *Tgl. 12.15–14 u. 19.15–22 Uhr | Menü 49–78 Euro | 60, Blvd. Franck Pilatte | Tel. 04 97 08 14 80 | www.lareservedenice.com | Bus La Reserve*

Terres de Truffes ★ **(140 C5)**
Hier regiert die Trüffel. Der Meister des Edelpilzes, Bruno de Lorgues, zaubert in seinem „Boutique-Restaurant" Delikatessen rund um die tolle Knolle. Im Bistrot gibt es das Trüffelmenü, in der Boutique Spezialitäten mit dem duftenden Pilz für daheim. *Mo–Sa 12–14.30 u. 19–22.30 Uhr (Boutique 9.30–22 Uhr) | Menü ab 38 Euro | 11, Rue Saint-François de Paule | Altstadt | Tel. 04 93 62 07 68 | www.terresdetruffes.com*

Le Bistrot d'Antoine: Auch wenn es nicht so aussieht – Sie sollten einen Tisch reservieren!

04 92 14 55 55 | www.lebistrogourmand.fr | Tramway Masséna

COCO-BEACH (141 E6)

Restaurant mit Tradition und Meerblick! 1936 eröffnet, hat hier schon Picasso seine Geburtstage gefeiert. Eine wunderbare Fischkarte kombiniert mit Spezialitäten à la niçoise und regionalen Weinen aus den Anbaugebieten der Côtes de Provence. Südfrankreich pur. *So/Mo geschl. | 2, Av. Jean Lorrain | Tel. 04 93 89 39 26 | www.cocobeach.fr | Bus La Réserve*

LUC SALSEDO (140 B5)

Die vielen Stammkunden kommen immer wieder zu Luc Salsedo wegen der gelungenen Mischung aus leichter mediterraner Küche und erlesener Hausmannskost à la niçoise. Für jeden Gang stehen drei bis vier Gerichte zur Wahl; die Karte wechselt alle zehn Tage. Französische Weinkarte, sogar mit lokalen Weinen von Nizzas Weinberg Bellet. *Do–Di 18.30–22.30 Uhr | 14, Rue Maccarani | Tel. 04 93 82 24 12 | www.restaurant-salsedo.com | Bus Congrès/Joffre*

LA ROUSTIDE (141 D4)

Geröstetes Weißbrot mit Knoblauch bestrichen, frisches Olivenöl und schwarze Oliven – das ist eine *roustide.* Das und hausgemachte Tüffelgerichte aus frischen Zutaten sind die Spezialität des Hauses. Modern-schlichtes Dekor, perfekter Service, exzellente Küche. *So geschl., Sa nur abends | 34, Rue Beaumont | Tel. 04 93 89 69 60 | www.laroustide.fr | Tramway Acropolis*

RESTAURANTS €€

LE BISTROT D'ANTOINE (140 C5)

Ausgezeichnete traditionelle französische Küche zu einem verlockenden Preis-Leistungs-Verhältnis in authentischem Ambiente. *So geschl. | 27, Rue de la Préfecture | Altstadt | Tel. 04 93 85 29 57*

Komposition eines *panaché de fruits de mer* im Café de Turin

LE CAFÉ DE TURIN ★ ● (141 D4)
Austern schlürfen und Muscheln knacken nach Herzenslust! Seit über hundert Jahren ein Lieblingstreffpunkt der Nizzaer. Lockere Atmosphäre. *Tgl. 8–22 Uhr | 5, Place Garibaldi | Tel. 04 93 62 29 52 | www.cafedeturin.fr | Tramway Garibaldi*

INSIDER TIPP CHAT NOIR CHAT BLANC ● (140 C5)
Die schattige Parallelstraße zum Cours Saleya lädt nicht zum Verweilen ein. Wäre da nicht das kleine Restaurant von Giorgio und Nico, das wegen Freundlichkeit, Service und vor allem der Qualität unbedingt zu empfehlen ist. Die mediterrane Karte rund um Fisch, Risotto und Gemüse wechselt wöchentlich. Es stehen je drei Vor-, Haupt- und Nachspeisen zur Auswahl. *Di–Sa 19–22.30 Uhr | 20, Rue Barillerie | Altstadt | Tel. 04 93 80 28 69*

CÔTÉ SUD (140 C2)
Auf dem Hügel von Cimiez ist dieses Lokal der perfekte Ausklang nach dem Bewundern der Meisterwerke von Matisse und Chagall. Bei Luc Jaffres bekommen Sie eines der besten Essen in Nizza mit frischen Marktzutaten. *Mo–Fr 7–15, Do/Fr auch 18–22 Uhr | 2, Rue Prof. Maurice Sureau | Tel. 04 93 01 36 40 | Bus Edith Cavell*

LIDO PLAGE (140 B5)
An der Promenade reiht sich ein Strandrestaurant an das andere. Im Lido Plage gibt es eine gute Mittagskarte und frische Salate zu einem angemessenen Preis. Die herrliche Aussicht inbegriffen! *Tgl. ab 8 Uhr | 15, Promenade des Anglais | Tel. 04 93 87 18 25 | Bus Gustave V*

LA MAISON DE MARIE ★ (140 C5)
Einen Katzensprung von der Place Masséna entfernt liegt versteckt in einem schönen Hinterhof das Restaurant mit lokaler und provenzalischer Küche. Eine beliebte Adresse von VIPs und Einheimischen, deshalb unbedingt reservieren! *Tgl. | 5, Rue Masséna | Tel. 04 93 82 15 93 | www.lamaisondemarie.com | Tramway Masséna*

LA MERENDA (140 C5)
Dominique Le Stanc, einst Küchenchef im Hotel Négresco, kocht in seinem winzigen Restaurant Nizzaer Spezialitäten und legt Wert auf das Wesentliche: beste Zutaten, gute Rezepte und eine authentische Atmosphäre. Ein echter Tipp.

Keine Kreditkarten. *Sa/So geschl. | 4, Rue Raoul Bosio | kein Tel. | www.lamerenda.net | Altstadt*

LES PÊCHEURS (141 D5)
Wo schmeckt Fisch besser als direkt am Hafen? Hier ist man spezialisiert auf Fischgerichte aller Art, liefert Qualität verbunden mit Raffinesse in typischem Marinedekor. Wenn Sie zu zweit sind, sollten Sie eine *bourride* probieren, das typisch provencalische Fischgericht. *Mo u. Di mittags geschl. (Sommer), Mo/Di geschl. (Winter) | 18, Quai des Docks | Tel. 04 93 89 59 61 | www.lespecheurs.com | Bus Lazaret*

LE SAFARI (140 C5)
Eine beliebte Adresse auch bei Einheimischen mitten im bunten Treiben am Blumenmarkt. Aber auch drinnen im Restaurant sitzt man schön. Fisch, Risotto mit Jakobsmuscheln, Pasta und Pizza – im Safari ist die Küche französisch, italienisch und natürlich: niçoise. *Tgl. 12–23.30 Uhr | 1, Cours Saleya | Tel. 04 93 80 18 44 | www.restaurantsafari.fr | Altstadt*

LE SÉJOUR CAFÉ (140 B5)
Parkett, graue Polsterstühle, weiße Wände und Regale mit Büchern, Bildbänden, Fotos, Windlichter – modern und wohnlich ist es im Séjour, im Wohnzimmer, eingerichtet. In diesem Ambiente empfängt Familie Geille ihre Gäste zu mediterraner Küche von einer kleinen, feine Karte. *So/Mo geschl. | 11, Rue Grimaldi | Tel. 04 93 27 37 84 | www.lesejourcafe.fr | Bus Alphonse Karr*

INSIDER TIPP **TERROIR DIVIN** (140 C4)
In der offenen Küche dreht sich der Fleischspieß, gebrutzelt wird mit frischen Zutaten, dazu gibt es – wie der Name schon verrät – eine sehr gute Weinkarte. Französische Küche in modern-rustikalem Ambiente. Unweit des MAMAC und trotzdem abseits der touristischen Hauptverkehrsader. Tolles Mittagsmenü für 16 Euro. *So/Mo geschl. | 11, Rue Delille | Mobiltel. 09 54 19 66 51 | www.terroirdivin.com | Tramway Garibaldi*

RESTAURANTS €

BRASSERIE DE L'UNION (140 B2)
Etwas abseits vom Zentrum gelegen. In einem einfachen Gastraum mit schöner Terrasse echte *cuisine niçoise* unter Einheimischen: *pissaladière, raviolis niçois*, Stockfisch und und und. Sehr freundlicher Service. *Do–Mo 8–21, Di 8–15 Uhr | 1, Rue Michelet | Tel. 04 93 84 65 27 | Tramway Valrose Université*

LOW BUDG€T

Bestellen Sie zum Essen eine *carafe d'eau* (Leitungswasser) anstelle einer teuren Flasche Perrier – das ist in Frankreich ohnehin überall üblich.

Es muss nicht immer die teure Weinflasche sein. In den *Caves Caprioglio* (s. S. 65) werden Sie nicht schräg angeschaut, wenn Sie sich Ihre leere Wasserflasche mit Vin de Pays in Rot, Weiß oder Rosé füllen lassen. Den Liter für 2,10 Euro!

Nizzas berühmte Kichererbsenfladen ★ *socca* gibt es überall für ca. 3 Euro. Hier sind sie besonders gut: *Chez Theresa (28, Rue Droite)*, *René Socca (2, Rue Miralhéti)* und *Lou Pilha Leva (10–13, Rue Collet)* in der Altstadt sowie *Chez Pipo (13, Rue Bavastro)* im Hafenviertel.

SPEZIALITÄTEN

aioli – Hauptgericht mit Stockfisch, Eiern, Karotten, Kartoffeln und Artischocken, das mit Knoblauchmayonnaise als Dip serviert wird
estocaficada – Stockfischeintopf mit Zwiebeln, Tomaten, Knoblauch, Oliven, Paprika, Olivenöl und Kartoffeln
farcis – warme Tomaten, Zucchini, Auberginen, mit Hackfleisch gefüllt
fleurs de courgettes farcies – mit Hackfleisch, Wurstbrät oder Frischkäse *(brousse)* gefüllte Zucchiniblüten
merda de can – der Name des Gerichts bedeutet „Hundekot" – doch es handelt sich um eine Spezialität: Kartoffelgnocchi mit Käse und Mangold
mesclun – eine Mischung verschiedener frischer, junger Blattsalate
pissaladière – Zwiebelkuchen mit Sardellenfilets und schwarzen Oliven (Foto re.)
pistou – Sauce aus Basilikum, Knoblauch und Olivenöl. Wird mit Gnocchi oder Ravioli serviert oder zu einer Gemüsesuppe *(soupe au pistou)* gereicht
porquetta – mit Zwiebeln, Knoblauch und Kräutern gefülltes Spanferkel
poutine – die jungen Sardellen werden von Januar bis März gefangen. Die Nizzaer essen sie im Teigmantel, im Omelett oder pochiert mit einem Schuss Olivenöl und Zitronensaft
salade niçoise – Salat aus Paprika, Tomaten, Sellerie, Eiern, schwarzen Oliven, Zwiebeln, Artischocken und jungen dicken Bohnen (Foto li.). Das Ganze gibt es auch im Weißbrot als *pan-bagnat*
socca – ein öliger, safrangelber Kichererbsenfladen, der in einer Kupferpfanne gebacken wird. Isst man heiß und gepfeffert direkt aus der Hand
tapenade – schwarze Olivenpaste mit Anchovis, Kapern und Olivenöl
tourte de blettes – süße Teigtasche, gefüllt mit Mangold, Rosinen und Pinienkernen

LA CANTINE DE LULU ● (140 C4)
Alles andere als eine Kantine! Der Inbegriff von südländischer Gemütlichkeit. *Cuisine niçoise* mit erlesenen Zutaten. Als Dessert dürfen Sie sich die „Promenade des Anglais", einen Schokoladenkuchen mit Orangen und Vanillesauce, nicht entgehen lassen. *Sa/So geschl. | 26, Rue Alberti | Tel. 04 93 62 15 33 | Tramway Masséna*

CHARLOTTE (140 C4)
Genau das Richtige für eine Auszeit vom Großstadtrummel ist mittags der Besuch in Charlottes Bistro mit den rotweiß karierten Tischdecken. Sie bekocht ihre Gäste mit frischen Zutaten vom Markt. Die täglich wechselnden Gerichte stellt Charlotte auf Facebook ein. Abends reservieren. *Mo–Do, Sa 12–14 Uhr, Fr auch abends | 30, Rue Alberti | Tel. 04 93 76 84 97 | Tramway Masséna*

INSIDER TIPP **LA FOCACCIA** (140 C4)
Focaccia ist nicht gleich Focaccia – das lernt man bei Maître Restaurateur Eric, der aus frischen Zutaten die beste *focaccia* der Stadt kredenzt. Aber auch das Risotto und der überaus freundliche Service sind nicht zu verachten. *So/Mo geschl. | 8, Rue Delille | Tel. 04 93 82 28 07 | www.la-focaccia.com | Tramway Garibaldi*

AU PETIT GARI (141 D4)
Der Stil „traditionelles Bistrot", die Küche französisch – das ist das kleine Restaurant, in dem Marc am Herd und Dimitri im Service ihre Gäste verwöhnen. *So abends, Mo geschl. | 2, Place Garibaldi | Tel. 04 93 26 89 09 | www.aupetitgari.com | Tramway Garibaldi*

RESTAURANT DU GESU ● (141 D5)
Der schattige Altstadtplatz ist im Sommer ideal für eine Pause beim Bummeln. In dem einfachen, immer vollen Restaurant sind Pizza und Nizzaer Spezialitäten wie Gnocchi und Ravioli mit *pistou* (Kräutersauce) oder *daube* (Fleischragout) der Renner. *So geschl. | 2, Place Jésus | Altstadt | Tel. 04 93 62 26 46*

20 SUR VIN (140 C4)
Eine Weinflasche als Speisekarte: Auberginencarpaccio mit Schafskäse, Entenbrust, Käse und Oliven. Freundlicher Service, sonnige Terrasse. *Mo–Sa 12–14.30 u. 19–22 Uhr | 18, Rue Biscarra | Tel. 04 93 92 93 20 | Tramway Jean Médecin*

LA VOIX DE SON MAÎTRE (140 B5)
Ein Frankreichaufenthalt ohne Crêpes; nicht auszudenken! Hier schmecken sie, und dazu kann man sie unter freiem Himmel an der Place Grimaldi essen. *So geschl. | 3, Place Grimaldi | Tel. 04 93 82 28 47 | Tramway Masséna*

Hier spielt der Wein eine Hauptrolle: Bistro-Atmosphäre im Vingt sur Vin

EINKAUFEN

WOHIN ZUERST?
Delikatessen, Klamotten oder Produkte mit dem Etikett „typisch Südfrankreich" – für alles gibt es die richtige Shoppingecke. Und alle liegen relativ dicht beisammen. Alles rund ums Essen und Genießen kauft der Niçois auf dem Markt am **Cours Saleya (140 C5)** und in den Gassen drum herum. Hier findet sich auch das, was ins Souvenirtäschchen wandert: Kräuter, Lavendelhonig, Olivenöl und Seifen. Die großen Modeketten versammeln sich auf der **Avenue Jean Médecin**; kleine Boutiquen gibt es in den Straßen um die **Rue Alphonse Karr**.

Bunt und vielfältig ist das Einkaufsvergnügen in Nizza: Gourmets werden den Bummel über die Märkte und durch die Gassen lieben! Kleine Delikatessenläden sind an jeder Ecke zu finden. Feinste Olivenprodukte, Käse, Kräuter, Honig und Konfitüren aus den Früchten und Blüten der Region werden von ihren Herstellern mit Leidenschaft verkauft.

Der italienische Einfluss auf die *cuisine niçoise* zeigt sich auch in der großen Anzahl italienischer Delikatessgeschäfte: An den Wochenenden stehen die Einheimischen Schlange, um frische Pasta aller Art zu kaufen. Für Antikes und Kunst begeben Sie sich am besten in die Rue Catherine Ségurane und die Rue Droite. Und immer wieder montags verwandelt sich der Cours Saleya in einen bunten An-

 Bild: Galerie Ferrero

Von Armani bis Zitronenconfit – Nizzas Einkaufsstraßen sind für alle da: für Kunst- und Modefreaks, Bummler und Gourmets

tik- und Trödelmarkt. Leider wimmelt es in der Altstadt auch von geschmacklosen Andenken- und Klamottenläden.

Von der Alt- in die Neustadt: Der Stolz der Stadt ist die Fußgängerzone, die Avenue Jean Médecin. Früher eine im Verkehr erstickende Einkaufsstraße, darf hier heute nur noch die Straßenbahn verkehren. Hier finden sich Geschäfte aller Art – von Boutiquen über Musik- und Buchhandlungen bis hin zur überaus beliebten Shoppingmall Nicetoile. Auch die Rue Masséna ist mit ihren Geschäften und Cafés zum Bummeln bestens geeignet. Und da Nizza an der Côte d'Azur liegt, sind natürlich auch die Edelmarken der Modewelt vertreten: zu finden in den Straßen rund um die Rue Paradis.

BUCH, PAPIER & STIFT

LA BRIQUETERIE (140–141 C–D5)
Concept Store für Kulturbegeisterte: Bücher, Papeterie, Accessoires, Musik und Kunst. Hier lässt es sich wunderbar bummeln, und ganz bestimmt lässt man sich

zu einem Einkauf verführen – und wenn es nur eine der vielen schönen Postkarten ist, zum Beispiel mit historischen Motiven von Nizza. *Di u. So geschl. | 4–6, Rue Jules Gilly | Altstadt*

Alziari: Neben vielen Olivensorten gibt es hier auch beste Öle aus der Frucht

CREUTZ ET FILS (140 C4)
Es gibt sie noch – die Orte, an denen Schreibkultur zelebriert wird. Das hier ist so einer: Seit 1896 Spezialist für edle Füller und Schreibutensilien aller Art. Eine alte hölzerne Ladeneinrichtung, Schubladen voller Federn und Tinte; und es bleibt die Lust, mal wieder einen Brief zu schreiben. *So/Mo und mittags geschl. | 19, Rue Hôtel des Postes | www.creutz.fr | Tramway Masséna*

LIBRAIRIE MASSENA (140 C4)
Wer sich mit französischer Literatur eindecken, Koch-, Kunst- oder Kinderbücher erstehen möchte, ist in dieser gut aufgestellten Buchhandlung an der richtigen Adresse. *So geschl. | 55, Rue Gioffredo | www.librairiemassena.com | Tramway Garibaldi*

PAPETERIE RONTANI (140 C5)
Seit 150 Jahren ist die Papierwarenhandlung in Familienbesitz. Dementsprechend ist das Betreten des Ladens wie ein kleiner Zeitsprung. Spezialisiert hat sich das Geschäft auf Kartografie, Zeichen- und Papierbedarf und die traditionellen provenzalischen Krippenfiguren „Santons de Provence". *So geschl. | 5, Rue Alexandre Mari | Altstadt*

DEKO & LIFESTYLE

L'AIR DE RIEN (140 C5)
Alle Gegenstände hier sind nützlich. Aber sie können dazu auch bunt und lustig sein. Wenn Sie ein originelles Geschenk suchen, besuchen Sie diesen Laden: Die kultigen Aufbewahrungsdosen mit dem Schreibschriftzug von „100drine" gibt es hier genauso wie farbenfrohe Schürzen, Lätzchen und Handtücher. *Tgl. 13–19 (Winter), Mo–Sa 14–24 Uhr (Sommer) | 22, Rue Benoit Bunico | Altstadt | www.lairderien06.com*

BAOBAB (140 C5)
Buntes Gemisch aus Wohnaccessoires von europäischen und afrikanischen Designern. Es gibt alles, von Schalen und Körben über Bilderrahmen bis hin zu einer kleinen Auswahl an Klamotten. *So geschl. | 10, Rue du Marché | Altstadt*

CABANE (140 C5)
Designboutique in der Altstadt mit Kleidung, hochwertigen Heimtextilien und Accessoires internationaler Hersteller – „Toms"-Schuhe aus Amerika, Decken von „Album di Famiglia" aus Italien und edle

Schals aus Indien. *So geschl. | 19, Rue de la Préfecture | Altstadt*

LA CASE DE COUSIN PAUL (140 C5)
Lichterketten und Lampen in allen Farben! Der kleine Laden in der Altstadtgasse ist schon ein Hingucker – noch mehr Spaß macht es, seine eigene Lampe zusammenzustellen. Die kugeligen Schirme sind aus einem Netz aus Baumwollfäden hergestellt. Je nach Anzahl der Kugeln kostet eine Lampenkette zwischen 22 und 42 Euro. *Mo geschl. | 8, Rue du Pont Vieux | Altstadt | www.lacasedecousinpaul.fr*

VERRE TIGE (140 C5)
Diese Boutique bietet in der Region die größte Auswahl an handwerklichen Glasprodukten. Geschenke und Schmuck aus Glas und Kristall? Hier werden Sie fündig. Zudem stellt die Glaserei Produkte nach vorgegebenen Maßen und Farben her. *So geschl. | 1, Rue Alexandre Mari | Altstadt | www.verretige.fr*

DELIKATESSEN

ALZIARI ★ (140 C5)
Mitten in der Altstadt liegt seit 1936 das Olivenparadies der Familie Alziari. Das Öl in der blau-gelb gemusterten Dose stammt aus der einzigen heute noch aktiven Ölmühle Nizzas, zu besichtigen auf den Hügeln von Nizza. Oliven, Olivenöle, Tapenaden, aber z. B. auch Seife mit Olivenöl und noch vieles mehr! *So u. mittags geschl. | 14, Rue Saint-François de Paule | Altstadt | www.alziari.com.fr*

CAVES CAPRIOGLIO (140 C5)
Ein Paradies für Weinliebhaber und eine Institution seit 1910. Weinregale bis unter die Decken. *Mo u. mittags geschl., So nur morgens offen | 16, Rue de la Préfecture | Altstadt | cavescaprioglio.free.fr*

LAC ★ (140 C5)
Welch eine Verführung, wenn man vor der Auslage dieser Pâtisserie steht! Schokolade, Macarons und Törtchen vom Feinsten – gefertigt von Maître Chocolatier Pascal Lac, der in die Riege der 20 besten Chocolatiers Frankreichs gehört. *Tgl. | 12, Rue de la Préfecture | Altstadt | Filialen: 18, Rue Barla u. 49, Rue Gioffredo | www.patisserie-lac.com*

MAISON AUER (140 C5)
Seit fünf Generationen *der* Name, wenn es um Süßwaren à la niçoise geht. Kandierte Früchte, Schokolade, Kuchen, Calissons, glasierte Maronen, Konfitüren: Alles, was süß ist, wird in diesem an sich schon sehenswerten, im üppigen Florentiner Stil gehaltenen Laden verkauft. *So/ Mo u. mittags geschl. | 7, Rue Saint-François de Paule | Altstadt | www.maisonauer.com*

NADI (140 C5)
Hier geht es italienisch zu – Pasta, Formaggio, Antipasti, Pesto, Gebäck. Bis un-

MARCO POLO HIGHLIGHTS

★ Alziari
Oliven, Olivenöl, Tapenade? Besuchen Sie Nizzas älteste Ölmühle → S. 65

★ Lac
Ein Eldorado für Süßigkeitenfans → S. 65

★ Galerie Ferrero
Die älteste Galerie für zeitgenössische Kunst in Nizza → S. 67

★ Blumenmarkt
Blumen, Blumen, Blumen – und gleich nebenan Obst und Gemüse → S. 69

ter die Decke steckt der Laden voller Köstlichkeiten, und hinter der reich gefüllten Theke schauen zwei Signori hervor, die Sie mit italienischem Charme bedienen. *Tgl. | 46, Blvd. Jean Jaurès | Tramway Cathédrale/Vieille Ville*

À L'OLIVIER (140 C5)
Hier finden Sie alles rund um die Olive – von Olivenseife und -creme über Olivenschälchen bis hin zu ausgefallenen Olivenölsorten – inklusive Degustation. *Mittags geschl. | 7, Rue Saint-François de Paule | Altstadt | www.alolivier.com*

LE PALAIS DES THÉS (140 C5)
Das ist wahrhaftig ein Teepalast! Über 250 Teesorten aus 20 Ländern, darunter auch Tee aus biologischem Anbau, Teekonfitüre, Teebonbons und alles, was man zur Teezubereitung und zum stilvollen Teetrinken braucht. *So geschl. | 3, Rue de la Liberté | www.palaisdesthes.com | Tramway Masséna*

PATISSERIE SERAIN CAPPA (141 D4)
Traditionsreiche Pâtisserie. Die Pralinen und Kuchen des preisgekrönten Serge Serain sind hausgemacht. Im *Salon de Thé* nebenan oder unter den Arkaden der Place Garibaldi können Sie die Leckereien, wie z. B. die ausgezeichnete Schokocreme *marquise,* kosten. *Mo geschl. | 7, Place Garibaldi | Tramway Garibaldi*

KAUFHÄUSER

CENTRE COMMERCIAL NICE TNL (141 D3)
Etwa 60 Geschäfte und Restaurants sowie ein Supermarché unter einem Dach erwarten Sie zum Shoppen mitten im Zentrum Nizzas, wenige Schritte vom Kongresszentrum Acropolis entfernt. *So geschl. | 15, Blvd. Delfino | www.nicetnl.com | Tramway Palais des Expositions*

GALERIES LAFAYETTE (140 C5)
Das legendäre Kaufhaus, das 1893 in Paris eröffnet wurde, hat im Herzen Nizzas an der Place Masséna eine repräsentative Dependance. Hier findet sich wirklich alles, was das Shopperherz so begehrt, vor allem Mode. *So geschl. | 6, Av. Jean Médecin | www.galerieslafayette.com | Tramway Masséna*

NICETOILE (140 C4)
Einkaufszentrum mit ungefähr 100 Geschäften rund um Mode, Einrichtung, Geschenke, Sport und Freizeit auf vier Ebenen. Dazu verlocken diverse Bars, Brasserien und Bistrots zu einem Mittagssnack. *So geschl. | 30, Av. Jean Médecin | www.nicetoile.com | Tramway Jean Médecin*

KUNST

INSIDER TIPP **ATELIER FREGA** (141 D4)
Im Atelier von Patrick Frega spürt man die Leidenschaft des Künstlers. Hier wird mit verschiedenen Materialien experimentiert; Bilder, Skulpturen, Objekte sind ausgestellt und mittendrin der Künstler, der mit seinen Werken seine Gedanken zu politischen und zeitgenössischen Themen ausdrückt. *So geschl. | 3, Rue Martin Seytour | www.patrickfrega.com | Tramway Garibaldi*

ATELIER GALERIE SYLVIE T (141 D5)
Wollen Sie ein originelles Souvenir aus Nizza mit nach Hause nehmen? Die Galerie gegenüber vom Palais Lascaris hat für jedes Portemonnaie etwas zu bieten: Die Künstlerin verkauft ihre Werke – zum Beispiel Ansichten der (Alt-)Stadt – in chinesischer Tinte oder Aquarellfarben als Original; es gibt aber auch sehr hübsche Repros auf Postkarten oder Lesezeichen. *So/Mo geschl. | 14, Rue Droite | Altstadt | www.sylvie-t.com*

GALERIE FERRERO ★ (140 B5)
Guillaume Aral kennt sich aus. In seiner Galerie präsentiert er neben den Stilrichtungen der Nizzaer Schule und des Neuen Realismus – Arman, Ben, César, Christo, Mas, Moya – auch Werke großer Meister wie Dali oder Picasso und junge Künstler, die was draufhaben. Die Galerie Ferrero – ein kleines MAMAC ohne Eintritt – sollten Sie nicht verpassen! *Mo–Do 14–18.30, Fr/Sa 10–12.30 u. 14–18.30 Uhr | 6, Rue du Congrès | www.galerieferrero.com | Bus Congrès*

MODE

CAFÉ COTON (140 B4)
Hier sind die Männer am Zug: Hemden, so weit das Auge reicht – in klassisch Hellblau, fein gestreift oder kariert. Außerdem Krawatten, Poloshirts, Pullis und Hosen. *So/Mo geschl. | 5, Rue de Longchamp | www.cafecoton.com | Tramway Masséna*

CUSTO (140 C5)
Mode aus Südeuropa – bunt, extravagant, einfach ein Hingucker! Genau das Richtige für ein Shoppingerlebnis in Sommer-Sonne-Urlaubslaune. *So geschl. | 23, Rue de la Préfecture | Altstadt | www.custo-barcelona.com*

Custo: Tangas und T-Shirts, Hänger und Hemden, Blusen und Blousons aus Barcelona

DESERT (140 B4–5)
Als modebewusst und authentisch beschreibt Françoise Schapira ihre Kundinnen. Die Kollektionen in den beiden Boutiquen kommen ohne Schnickschnack aus, Naturfarben dominieren, und die Accessoires – Schals, Schmuck, Strümpfe, Taschen – sind zeitlos schön. *So geschl. | 1, Rue Alphonse Karr*

L'UNE ET L'AUTRE (140 B5)
Moderne Boutique, die exklusiv für Nizza Designerklamotten von Bash, Plain Sud, Iro, Sylvia Rielle anbietet. Dazu gibt es Schmuck von verschiedenen Designern. *So geschl. | 3, Rue Alphonse Karr | Tramway Masséna*

PARFUM & KOSMETIK

COMPAGNIE DE PROVENCE (140 C5)
Die Seife von Compagnie de Provence kommt aus der Seifenmetropole Marseille. Die Geschichte der berühmten Seife aus Marseille geht bis ins 14. Jh. zurück. Hier kommt die Seife als modern designtes Produkt daher. Darüber hinaus Shampoos, Lotions, Duschgels & Co in schicken Flaschen und bunten Farben sowie eine Bio-Organic-Linie aus zu 100 Prozent natürlichen Inhaltsstoffen. *Tgl. | 7, Rue Saint-François de Paule | Altstadt | www.compagniedeprovence.com*

FRAGONARD (140 C5)
Fragonard, berühmte Parfümerie aus Grasse, bietet neben Düften auch Kleidung und Textilien, Dekorationsartikel und Reisesouvenirs in fröhlich sommerlichen Farben an. *So geschl. | Cours Saleya 11 | Altstadt | www.fragonard.com*

LA MAISON DES PLANTES (140 C5)
Stadtbekannter Kräuterladen: In den grünen Apothekerschubladen, eingerahmt von Jugendstilkeramiken, verstecken sich um die 550 aromatische und Heilkräuter, -extrakte und -öle. *Mo–Sa mittags 9–12 u. 14–19 Uhr | 20, Rue Gubernatis | www.maisondesplantes.fr | Tramway Masséna*

MOLINARD (140 C5)
Nicht weit von Nizza, in Grasse, liegt das südfranzösische Mekka der guten Düfte. Seit 1849 werden dort bei Molinard, heute noch ein Familienbetrieb, Parfums kreiert, darunter das renommierte „Habanita". In der Nizzaer Dependance können Sie sich mit Düften und Körperpflegeprodukten eindecken. *April–Okt. tgl.; Nov.–März So und mittags geschl. | 20, Rue Saint-François de Paule | Altstadt | www.molinard.com*

L'OCCITANE (140 C5)
Ob Raumdüfte, Zitrone-Verbene-Duschgel oder Grüner-Tee-Handcreme – die Produkte von Occitane riechen nach Süden und sind außerdem aus hochwertigen Inhaltsstoffen hergestellt. *Tgl. | 8, Rue Masséna | www.loccitane.com | Tramway Masséna*

LOW BUDG€T

Auf dem berühmten *Blumenmarkt* **(140 C5)** *(Cours Saleya)* kauft man nicht nur Blumen ... und kurz vor Marktschluss ist alles am günstigsten. Dann ist die beste Zeit, um sich mit Verpflegung für ein Strandpicknick einzudecken!

Souvenirs gibt es auf dem Markt und in den Gassen der Altstadt: Seifen in allen Variationen, Lavendelsäckchen, Kräuter der Provence und Spezialitäten aus Oliven (z. B. Tapenaden) sind nizzatypisch und erschwinglich.

Soldes! In Frankreich findet im Januar und im Juli noch ein richtiger Schlussverkauf statt. Und das jeweils fünf Wochen lang. Mit Reduzierungen von bis zu 70 Prozent.

SCHMUCK & ACCESSOIRES

LE PALAIS D'OSIER (140 C5)
Zum Bummel über den Blumenmarkt fehlt noch das richtige Accessoire? Ein Weidenkorb zum Beispiel? Wer typische Marktkörbe und -taschen liebt, der findet sie in dieser Korbflechterei. Echtes Handwerk zum Anschauen. *So geschl. | 3, Rue de la Préfecture | Altstadt*

INSIDER TIPP **PÔLE SUD** (140 B5)
Schmuck aus dem Süden mit Kreationen von Gas Bijoux aus Saint-Tropez oder Reminiscence gibt es bei Pôle Sud. Ob in sanften Pastelltönen, üppig mit Perlen und Gold, in sommerfrischem Türkis oder aber in schlichtem Silber – hier gibt es Schmuck für alle Geschmäcker, jedes Budget und jedes Alter. *So geschl. | 22, Rue de la Liberté | Tramway Masséna*

Cours Saleya: Nachdrucke alter Werbeplakate sind ein dekoratives Souvenir

WOCHENMÄRKTE

COURS SALEYA (140 C5)
Auf dem Cours Saleya finden die ganze Woche über verschiedene Märkte statt: Der berühmte ★ *Blumenmarkt (Di/Do/Fr 6–17.30 Uhr, Mi/Sa 6–18.30 Uhr, So u. Feiertage 6–13.30 Uhr)* von Nizza ist ein Fest der Farben. Von einem der umliegenden Cafés aus lässt sich das bunte Treiben in aller Ruhe beobachten. Der Blumenmarkt geht in den *Obst- und Gemüsemarkt (Di–So 6–13.30 Uhr)* über, auf dem sich frische Produkte ebenso wie provenzalische Spezialitäten finden. Einmal in der Woche treffen sich die Händler, um ihre Stücke auf dem *Antik- und Trödelmarkt (Mo 8–17.30 Uhr, außer vor Feiertagen)* feilzubieten. Kunstbegeisterte können in den Sommermonaten unter freiem Himmel auf dem *Kunstmarkt (Juni–Sept. Di–So 18–0.30 Uhr)* an den Ständen mit Kunstwerken verschiedenster Art vorbeischlendern.

PLACE DU GÉNÉRAL DE GAULLE (140 B3)
Nur ein paar Stationen mit der Tram, und Sie finden auf dem *Marché de la Libération* ein Markttreiben abseits vom touristischen Rummel. Auf dem Platz gibt es frisches Gemüse und Obst; in einer kleinen Markthalle Käse, Fisch und Fleisch. Lust auf einen kleinen Socca-Snack? Dann sind Sie im **INSIDER TIPP** *Socca Tram (6, Av. Alfred Borriglione)* an der richtigen Adresse. *Di–So 6–12.30 Uhr | Tramway Libération*

PLACE DU PALAIS (140 C5)
Nur wenige Schritte vom Cours Saleya liegt die Place du Palais mit ihren Märkten: Liebhaber alter Bücher kommen beim *Büchermarkt (1. und 3. Sa im Monat 8–18 Uhr)* auf ihre Kosten. Der *Kunstmarkt* findet am *2. Sa im Monat 8–18 Uhr* statt. Wahre Schmuckstücke findet man unter den alten Postkarten beim *Postkartenmarkt (4. Sa im Monat 8–18 Uhr)*.

PLACE SAINT-FRANÇOIS (141 D5)
Auf dem versteckten kleinen Altstadtplatz findet der morgendliche *Fischmarkt (Di–So 6–13 Uhr)* statt. Rund um den Delphinbrunnen verkaufen die Fischer frisch gefangenen Fisch und Meeresfrüchte.

AM ABEND

WOHIN ZUERST?
Der Abend beginnt in der **Altstadt**. Hier gibt es Bars für jedes Alter, jeden Geschmack und jede Jahreszeit. Besonders beliebt ist **Les Distilleries Idéales (140 C5)**, die fast rund um die Uhr gut besucht ist. Im Sommer sollten Sie den Aperitif in einer der Strandbars nehmen. Von hier ist es nicht weit in eines der vielen Restaurants, in ein Theater, eine Jazzkneipe oder sogar in die Oper. Wer danach noch weiterziehen möchte, findet rundherum Bars und Kneipen. Am längsten wird im **High Club** auf der Promenade des Anglais gefeiert.

Wenn die Liegen aufgestapelt werden, die Geschäfte ihre Türen schließen und die Bars und Restaurants öffnen, beginnt das Nachtleben von Nizza. Bars, Clubs, Jazzkneipen – Nizza, Côte-d'Azur-Metropole und Studentenstadt, hat von alternativ bis vornehm alles im Programm.

Und natürlich kommt auch die Kultur nicht zu kurz. Die Oper lockt mit Prunk, Samt und hochkarätigen Vorstellungen; aber auch kleine, versteckte Kellertheater sorgen mit Kleinkunst und Chansons für einen gelungenen Abend. Und danach schläft die Stadt noch lange nicht – ein Snack unter freiem Himmel, ein Cocktail in einer Bar oder ab in einen der Clubs, in denen es meist erst am späten Abend richtig losgeht.

 Bild: Bliss Bar

Wenn die Sonne untergeht, beginnt in Nizza das Nachtleben – Champagner und Cocktails, Jazz und Unterhaltung

Mitte Mai beginnt die Sommersaison: Ab jetzt spielt sich wie in den meisten südlichen Ländern das Leben fast ausschließlich draußen ab, auch nachts. Hunderte von Open-Air-Konzerten und -Theaterstücken sowie Feuerwerke der Superlative stehen auf dem Eventkalender.

BARS

AKATHOR (140 C5)

Tagsüber Blumenmarkt, abends Partystimmung im Akathor direkt am Cours Saleya. Livemusik ab 22.15 Uhr, Tapas für den kleinen Hunger. Wichtige Sportevents laufen auf einem Großbildschirm. *Tgl. 17.30–2.30 Uhr | 32, Rue Cours Saleya | Altstadt | www.akathor.com*

ARK (140–141 C–D5)

Wer für seinen Aperitif einen Platz mit Aussicht sucht, der ist hier genau richtig. In einem der typischen Häuser von Les Ponchettes, der Häuserreihe zwischen dem Cours Saleya und der Promenade, sitzen Sie auf einem kleinen Balkon mit

Das ist das Schöne an Südfrankreich: Man kann bis in die Nacht in den Bars draußen sitzen

Blick auf Promenade und Meer. *Tgl. 11–0.30 Uhr | 41–43, Quai des Etats Unis | Altstadt | Tel.*

INSIDER TIPP L'EFFERVESCENCE (141 D5)
Nach Stationen in Cannes und New York verwirklichte Julien Bosio seinen Traum in Nizzas Altstadt: die Loungebar L'Effervescence („das Sprudeln"). Ein Glas Champagner im Gewölbekeller zusammen mit feinen Häppchen, *foie gras* oder, ganz nach französischer Art, Käse. *Di–Sa ab 19 Uhr | 10, Rue de la Loge | Altstadt | Tel. 04 93 80 87 37 | www.leffervescence-nice.com*

FRED'S (141 D4–5)
Perfekter Auftakt oder Ausklang des Abends: wunderbare Cocktails und eine richtig gute Atmosphäre. Und wer's mag: kein Rauchverbot! Freitag- und Samstagnacht ist „Sunrise Hour": Geöffnet ist von 4 bis 8 Uhr mit Kaffee und Croissants ab 5.30 Uhr. *Tgl. 17.30–2.30 Uhr | 9, Rue Antoine Gautier | www.fredsthenicebar.com | Tramway Garibaldi*

LE GOSSIP BAR (141 D4)
Moderne Bar mit Sofas, Sesseln und Kaminfeuer ganz in der Nähe der Place Garibaldi. Hinsetzen, Mojito bestellen und den Abend genießen. Ein DJ sorgt für Musik. Gayfriendly! *Tgl. 17–2 Uhr | 7, Rue Bonaparte | Tramway Garibaldi*

HARD ROCK CAFÉ (140 B5)
Interessant für alle Hard-Rock-Café-Fans. Im Herbst 2013 hat nach Paris das zweite Café in Frankreich eröffnet. Direkt an der Promenade, auf zwei Etagen, Terrasse, Restaurant (€), Bar und Shop – alles, was dazugehört. *Bar: So–Do 11–0, Fr/Sa 11–1 Uhr; Restaurant: So–Do 8.30–0, Fr/Sa 8.30–1 Uhr | 5, Promenade des Anglais | Tel. 04 93 62 71 80 | www.hardrock.com | Tramway Masséna*

LE PURE (140 C5)
Ob zum Apéritif oder einem Cocktail zu späterer Stunde – hier sind Sie für beides richtig. Besonders alle über dreißig können sich wohlfühlen, denn das ist das Publikum, das sich im Le Pure trifft. *Di–So 18.30–2 Uhr | 2, Rue Raoul Bosio | Altstadt*

SNUG & CELLAR BAR (141 D5)
Ein Gastropub in den Gassen von Nizza. Ob an der Bar, auf der Straße im Sommer oder im Gewölbekeller im Winter. Ob für einen Drink, einen Snack oder ein Menü (gutes Essen, €–€€) – alles geht. *Tgl. 12–24 Uhr | 22, Rue Droite | Altstadt | Tel. 04 93 80 43 22 | www.snugandcellar.com*

LE VINGT 4 ★ (140 B4)
Apérozeit! Ab 18 Uhr öffnet die Weinbar mit einer reichhaltigen Weinkarte zu einem geselligen Aperitif. Und wem's gefällt, der bleibt gleich sitzen. Denn das INSIDER TIPP Restaurant (€€) ist unbedingt zu empfehlen – frische Zutaten von lokalen Herstellern. *Mo–Sa 12–15 u. 18–22 Uhr | 24, Rue Alphonse Karr | Tel. 04 93 88 45 49 | www.levingt4.fr | Tramway Masséna*

BOWLING

BOWLING DE NICE (141 D3)
Auf 3000 m² Spaß im Herzen Nizzas: 24 Bowlingbahnen und 9 Billardtische, ein Restaurant *(tgl. ab 12 Uhr | €)* mit überdachter Terrasse und einem Pub. *Mo–Fr 13–2.30, Sa/So 10–2.30 Uhr | 5, Esplanade Kennedy | Tel. 04 93 55 33 11 | Tramway Acropolis*

CLUBS

LE GHOST (140 C5)
Der Hotspot für Elektro-Sounds. Das aktuelle Programm gibt's auf der Homepage, dazu wechselnde DJs, die mit Musik von Elektro bis Funk für gute Stimmung sorgen. *Mo–Sa 23–4 Uhr | 3, Rue Barillerie | Altstadt | www.leghost-pub.com*

HIGH CLUB ★ (140 A–B5)
In drei Clubs wird gefeiert bis zum Abwinken. *High Club* – stylish, jung; jeden Freitag sorgen angesagte nationale und internationale DJs für lange Schlangen am Eingang (Programm siehe Homepage). *Studio 47* – schicker, feiner, für alle ab 25. Hier tauchen auch schon mal Stars wie Jean Dujardin auf. Außerdem gibt es den Club *Sk'High* für Gays.
Für den Nachthunger stehen Sandwichs, Sushi und Panini bereit, ab 3 Uhr werden Kaffee, Tee und Croissants für ein frühes Frühstück gereicht. Und als Andenken an eine gelungene Partynacht können Sie in der Clubboutique T-Shirts und Hemden erwerben und damit daheim angeben ... *Fr–So 23.45–6 Uhr | 45, Promenade des Anglais | www.highclub.fr | Bus Gambetta/Promenade*

JAZZ ROCK CAFÉ (140 C5)
Nachtclub an der Promenade. Regelmäßig Partys, zwei Säle und im Sommer eine Terrasse zum Meer. Publikum unter

MARCO POLO HIGHLIGHTS

★ **High Club**
Hier spielt sich das Nachtleben ab – drei Clubs unter einem Dach → S. 73

★ **Le Vingt 4**
Weinbar und Restaurant in einem – und beides außerordentlich gut → S. 73

★ **Le Jam**
Jazz, Funk, Blues – Nizzas Szenebar in der Innenstadt → S. 75

★ **Les Distilleries Idéales**
Alteingesessene Kneipe – ursprünglich und gut → S. 76

★ **Ma Nolan's**
Irish Pubs und Sportsbars gibt es in Nizza viele – diese hier ist die beste → S. 76

30; Infos bei Facebook. *Do–Sa 22.30–4 Uhr | 73, Quai des États-Unis | Altstadt*

PINK ROOM (140 C5)
House, Lounge in rosarotem Ambiente? Dann auf in den Pink Room, einen der glamourösesten Clubs der Stadt. *Di–Sa 20–2.30 Uhr | 11, Rue Alexandre Mari | Tramway Masséna*

SHADOW BAR (140 C5)
Retrostil in Weinrot, Partystimmung am Wochenende. Lassen Sie sich nicht von der geschlossenen Tür mit dem Klingelknopf abschrecken! *Mi–So 22–2.30, Fr/Sa auch 4.30–8.30 Uhr | 12, Rue Benoit Bunico | Altstadt*

LE VOLUME (141 D4)
Pop, Rock, Punk und Chanson – da sollte für jeden etwas dabei sein. Das Programm an live gespielter Musik ist groß, und die Natursteinwände der angeschlossenen Bar sind Ausstellungsort für Künstler und Fotografen aus der Gegend. *Mi/Do 20–0.30, Fr/Sa 20–1.30 Uhr | Eintritt 2 Euro | 6, Rue Défly | Tel. 04 93 26 75 20 | www.source001.com | Tramway Garibaldi*

Am Saxofon: Dimitri Shapko, Besitzer der gleichnamigen Bar und begeisterter Jazzer

JAZZ

CAVE ROMAGNAN (140 B4)
Eine der ältesten Weinkneipen Nizzas, wechselnde Ausstellungen lokaler Künstler – und das Beste: jeden Samstag von 19 bis 21 Uhr Apéro-Jazz mit den besten Formationen der Region live! *Mo–Sa 7.30–14 u. 16–21 Uhr (Sa bis 22.30 Uhr) | 22, Rue d'Angleterre | caveromagnan.free.fr | Tramway Jean Médecin*

CAVE WILSON (140 C4)
Im Cave Wilson dreht sich alles um Wein und Jazz. An zwei Abenden in der Woche wird live aufgespielt. Dazu gibt es selbstverständlich Wein und französische Bis-

trotküche (€–€€). *Mo 16–23, Di–Fr 10–14 u. 17–23, Sa 12–23, So 18–22 Uhr | 16, Rue Gubernatis | Tel. 04 93 85 33 10 | www.cave-wilson.com | Tramway Opéra/Vieille Ville*

LE JAM ★ (140 B5)
Die perfekte Bar, um einen gemütlichen Abend bei Livemusik zu verbringen. Jazz, Funk, Blues – wechselnde Programme, wechselnde Musiker, und das an sechs Tagen in der Woche. *Di–Sa 17–24, So 18–24 Uhr | 10, Rue du Commandant Raffalli | www.jam-bar-nice.com | Tramway Masséna*

INSIDER TIPP SHAPKO BAR ● (140 C5)
Hier treffen sich Jazz-, Soul- und Funk-Liebhaber zu einem schönen Abend bei Kerzenlicht und handgemachter Musik in Bistrot-Atmosphäre. Um 20.30 Uhr wird losgeswingt, und die Stimmung in der Jazzkneipe steigt. Hinter allem steht Dimitri Shapko, Saxofonist und Jazzer aus Leidenschaft. *Di–Sa 21.30–0.30 Uhr | 5, Rue Rossetti | Altstadt | www.shapkobar.fr*

KASINO & SHOW

CASINO PALAIS DE LA MÉDITERRANÉE (140 B5)
Neben zwei Restaurants, darunter das *La Frégate* (€€), verfügt der Palais de la Méditerranée über ein Kasino mit Spielautomaten und traditionellen Spielen sowie einen Saal für Varietévorstellungen. *15, Promenade des Anglais | Tel. 04 92 14 68 00 | www.casinomediterranee.com | Bus Gustave V*

LE RUHL – CASINO BARRIÈRE (140 B5)
Im berühmten Kasino von Nizza stehen nicht nur Spieltische. Neben den Spielsälen gibt es im *Cabaret du Ruhl (Juli/Aug. geschl.)* ein Programm rund um Kabarett, Konzerte und Variété.
Das *L'American Café (tgl. 10–4 Uhr)* mit Popart-Deko und das französisch-italienische Restaurant *Dolce Vita (tgl. 12–15 u. 20–24 Uhr | €€)* übernehmen die kulinarische Versorgung der Vergnügungssüchtigen. *Spielautomaten So–Do 10–4 Uhr | Spieltische Mo–Do 20–4, Fr/Sa 17–5, So 17–4 Uhr | 1, Promenade des Anglais | Tel.*

FUSSBALLFIEBER

Die Fußballer Nizzas halten ihre Fahne in Frankreich ganz weit hoch: In der im September 2013 eingeweihten *Allianz Riviera Arena (www.allianz-riviera.fr)* im Stadtteil Saint Isidore **(148 C3)** im Westen von Nizza spielt der OGC Nice in der Ligue 1, der ersten Liga.
Ticketverkauf entweder per Internet, im *OGC Nice Store (Mo–Sa 10–19 Uhr | 4, Place Masséna | www.ognice.com)* oder bei *FNAC* im Einkaufszentrum *Nicetoile (Mo–Sa 10–19.30 Uhr | 30, Av. Jean Médecin)*.
Wenn der AS Monaco FC, der in der französischen 1. Liga regelmäßig ganz oben mitkickt, auf den OGC Nice stößt, herrscht Lokalderby-Stimmung. Ticketverkauf über die Website oder am *Stade Louis II (Mo–Fr 9.30–18.30 Uhr | 3, Av. des Castelans | www.asm-fc.com)*, im *FNAC (Mo–Sa 10–19.30 Uhr | Centre Commercial Le Métropole)* oder im *Virgin Mégastore (15, Av. Jean Médecin)*.
Die *Allianz Riviera Arena* ist einer der neun Austragungsorte der Fußball-Europameisterschaft im Sommer 2016.

04 97 03 12 22 | www.lucienbarriere.com | Bus Albert 1er

KINOS

CINÉMA MERCURY (141 D4)
Auch im Urlaub Lust auf Kino? 50 Filme pro Woche in Originalversion zeigt das Cinéma Mercury in den Arkaden der Place Garibaldi. Für jeden etwas. *16, Place Garibaldi | Tel. 04 93 55 37 81 | www.mercury-cg06.fr | Tramway Garibaldi*

LE RIALTO (140 B5)
Filme in Originalversion gibt es auch in diesem Kino zu sehen. Unter *www.lerialto.cine.allocine.fr* lässt sich das aktuelle Kinoprogramm abrufen. *4, Rue Rivoli | Tel. 04 93 88 08 41 | Bus Rivoli*

LOW BUDG€T

Lust auf die alten Rocksongs von The Doors, Jethro Tull und Led Zeppelin? Die gibt's im ● *Bulldog Pub* **(140 C5)** *(16, Rue de l'Abbaye | Altstadt)* jeden Abend von Livebands gespielt und umsonst – dazu eine große Auswahl an Bier.

Spielplatz für Newcomer-Bands ist das *Tapas La Movida* **(140 C5)** *(2, Rue de l'Abbaye | Altstadt | Eintritt 0–2 Euro):* alternative, sehr einfache Studentenkneipe mit fast täglich wechselnden Livebands. Ska, Punk, Metal, Chansons, Rock, Reggae, Jazz – hier gibt's von allem etwas.

In den meisten Bars gibt es eine Happy Hour – oft zwischen 19 und 21 Uhr: 50 Prozent und mehr auf die Getränkepreise.

KNEIPEN

LES DISTILLERIES IDÉALES ★ (140 C5)
Rustikale Kneipenstimmung in einer alten Destillerie. Schon am Nachmittag treffen sich hier die Einheimischen auf einen Aperitif – im urigen Inneren oder an einem der Tische an der belebten Altstadtgasse. *Tgl. 9–24 Uhr | 24, Rue de la Préfecture | Altstadt*

JUKE HOUSE CAFÉ (141 D4)
Ob zu einem Aperitif mit Tapas oder später am Abend bei Musik aus der Jukebox oder live – im Juke House Café ist die Stimmung immer gut. *Mo–Sa 16–24 Uhr | 8, Rue Défly | Tramway Garibaldi | €*

MA NOLAN'S ★ (140 C5)
A place to be – Irish Pub mit französischem und internationalem Publikum, großer Terrasse, lockerer Atmosphäre und Livemusik. Zu essen gibt's auch: vom French Toast bis zum Sirloin Steak. *Mo–Fr 12–2, Sa/So 11–2 Uhr | 2, Rue Saint-François de Paule | Altstadt | www.ma-nolans.com| €*

WAYNE'S (140 C5)
Hier ist immer was los – vom ersten Bier, Burgern und Chicken Wings, um den Abend zu starten, bis hin zu ausgelassenen Partys. Internationales, junges Publikum. *Tgl. 12–2 Uhr | 15, Rue de la Préfecture | Altstadt | www.waynes.fr | €*

KONZERTE, OPER, THEATER

NICE ACROPOLIS (141 D4)
Nationale und internationale Künstler und Ensembles aus Klassik, Pop und Chanson treten im Veranstaltungszentrum Acropolis auf, das gut erreichbar mitten in der Stadt liegt. Karten gibt es bei FNAC im Nicetoile auf der Avenue

Jean Médecin. *1, Esplanade Kennedy | Tel. 04 93 92 83 00 | www.nice-acropolis.com | Tramway Acropolis*

OPÉRA DE NICE (140 C5)
Opern, Ballettaufführungen, Konzerte, Kammermusik und musikalische Matinées – ein hochkarätiges Angebot macht Nizzas Opernhaus mitten in den verwinkelten Altstadtgassen, aber auch an anderen Orten in der Stadt, z. B. in Museen. *4–6, Rue Saint-François de Paule | Altstadt | Kartenvorverkauf: Mo–Do, Sa 9–16.30, Fr 9–19.45 Uhr | Tel. 04 92 17 40 79 | www.opera-nice.org*

THÉÂTRE DE LA CITÉ (140 B4)
Das Theater mit 180 Plätzen bietet klassische und zeitgenössische Stücke, Comedy, Tanz und Musik. *3, Rue Paganini | Eintritt ab 15 Euro | Tel. 04 93 16 82 69 | Kartenvorverkauf: FNAC (Nice Etoile) | www.theatredelacite.fr | Tramway Jean Médecin*

Nice Acropolis: Fontänen, Brunnen und Skulpturen umstehen das Veranstaltungszentrum

INSIDER TIPP **THÉÂTRE DE L'IMPASSE** (141 D4)
Kleinkunst, die Spaß macht! Kleines, uriges Kellertheater mit einem bunten Programm: Chansons, Comedy, Musik, Tanz- und Theateraufführungen. *Rue de la Tour | Tel. 04 93 16 17 51 | Mobil 06 84 35 62 77 | www.theatre-delimpasse.com*

THÉÂTRE NATIONAL DE NICE (141 D4)
Neben Theaterproduktionen hat das Nationaltheater auch zeitgenössischen Tanz und Konzerte im Programm. *Promenade des Arts | Kartenvorverkauf: Mo–Sa 14–19 Uhr | Tel. 04 93 13 90 90 | www.theatredenice.org | Tramway Garibaldi*

THÉÂTRE DE LA SEMEUSE (141 D5)
Tanz, Theater und Musik in diesem kleinen Altstadttheater. *2, Montée Auguste Kerl | Eintritt 15 Euro | Tel. 04 93 92 85 08 | Kartenvorverkauf: Mo–Fr 9–12 u. 14–18 Uhr u. bei FNAC | www.lasemeuse.asso.fr*

ÜBERNACHTEN

Nizzas Einnahmequelle Nummer eins ist der Tourismus. So ist es nicht verwunderlich, dass die Metropole der Côte d'Azur mit Betten reich ausgestattet ist: 200 Hotels aller Kategorien, Ferienwohnungen und Gästezimmer warten auf die 4 Mio. Touristen, die die Stadt jährlich besuchen.

Die Auswahl reicht von der Jugendherberge bis zu den Luxushotels entlang der Promenade des Anglais. Hier finden sich die großen Namen wie das Hotel Négresco oder das Hotel Palais de la Méditerranée, die nicht nur Hotels, sondern zugleich architektonische Meisterwerke sind. Um sich gut zu betten, gibt es jedoch eine Menge Alternativen. Oft sind es die kleinen Hotels und Gästezimmer, die sogenannten *chambres d'hôtes*, die einen mit Herzlichkeit und viel Liebe zum Detail empfangen.

Ein Verzeichnis aller Hotels kann unter *www.nicetourism.com* heruntergeladen werden. Reservierungen sind online über *www.niceres.com* möglich. Generell gilt, dass im Juli und August, zu Messe- und Festivalzeiten, während des Karnevals und des Grand Prix von Monaco die Hotelpreise recht ordentlich nach oben schnellen.

HOTELS €€€

LE DORTOIR (140 B5)

Hotel einmal anders: keine Lobby, kein Roomservice, dafür top designte Suiten mit Frühstücksservice in bester Lage. Individueller Check-in nach Ver-

Bild: Terrasse des Hôtel Westminster

Bonne nuit: ob im Luxus an der Promenade oder in den Gassen der Altstadt, ob modern oder provenzalisch-traditionell

einbarung. *3 Suiten | 11, Rue Paradis | Tel. 04 93 88 93 63 | www.ledortoir.net | Tramway Masséna*

ELLINGTON (140 C4)
Imposantes Gebäude aus den 20er-Jahren, im gepflegten Stil der 50er-Jahre eingerichtet, in warmen Farben. Zwar nicht direkt am Meer, aber mit hoteleigenem Strand. Das Hotel engagiert sich besonders für den Umweltschutz und trägt das Umweltzertifikat „La Clef Verte" („Grüner Schlüssel"; Informationen auf der Website). Bei Internetbuchung spezielle Tarife. *110 Zi. | 25, Blvd. Dubouchage | Tel. 04 92 47 79 79 | www.ellington-nice.com | Tramway Jean Médecin*

LE GRIMALDI (140 B5)
Eine Belle-Époque-Fassade par excellence, das Boutique-Hotel dahinter im feinen mediterranen Stil eingerichtet – Holz, blaue, terrakotta- und ockerfarbene Töne dominieren. Ein wunderbar gemütliches Haus zum Wohlfühlen! *46 Zi. u. Suiten | 15, Rue Grimaldi | Tel.*

04 93 16 00 24 | www.le-grimaldi.com | Bus Alphonse Karr

HI HÔTEL ★ (140 A5)
Von außen nicht sehr einladend, aber innen! Die Design-Avantgardistin Matali Crasset hat das „Total Design" erfunden: eine Rednerpult-Rezeption, eine Lobby im Cyberspace-Look, eine bonbonfarbene „Happy Bar". Die Zimmer sind „Orte zeitgenössischer Experimente". ● Panoramaterrasse mit Wellnessoase: Pool, Jacuzzi und Wasserliegen. Nur wenige Schritte zur Promenade und zum Strand. Hoteleigene Fahrräder. Unterhaltsam, chic, anders! *38 Zi. | 3, Av. des Fleurs | Tel. 04 97 07 26 26 | www.hi-hotel.net | Bus Gambetta/Bottéro*

Hi Hôtel: Zimmer in klarem, funktionalem Design und kräftiger, harmonischer Farbgebung

INSIDER TIPP LE PETIT PALAIS (140 C3)
Im Stadtteil Carabacel war dieses Hotel einst die Residenz des bekannten französischen Theaterautors und RegisseursSacha Guitry (1885–1957). Mit der Auszeichnung „Relais du Silence" für ruhige Hotels, seinem freundlichen Service, der gepflegten Einrichtung und einer Terrasse voller Blumen ist es eine der schönsten Adressen Nizzas. *25 Zi. | 17, Av. Emile Bieckert | Tel. 04 93 62 19 11 | www.petitpalaisnice.com | Bus Chagall*

VILLA LES CYGNES (149 D3) (*D3*)
Nicht im Zentrum gelegen, aber wer ein kleines, persönliches Hotel mit hellen, großen Zimmern – und ebensolchen Bädern – sucht, für den lohnt sich der Weg. Ca. 20 Gehminuten in die Stadt. *6 Zi. | 6, Av. Château de la Tour | Tel. 04 97 03 23 35 | www.villalescygnes.com | Bus 23 Grosso CUM*

VILLA VICTORIA (140 B4)
Ruhe und Charme im Herzen von Nizza mit renovierten Zimmern im Nizzaer Stil und duftendem Stadtgarten. Privatstrand. *38 Zi. | 33, Blvd. Victor Hugo | Tel. 04 93 88 39 60 | www.villa-victoria.com | Tramway Jean Médecin*

INSIDER TIPP **HÔTEL WINDSOR** (140 B5)
Ein Hotel für Liebhaber zeitgenössischer Kunst. Die „Chambres d'artistes" sind Werke bekannter Künstler: Claudio Parmiggiani und sein goldenes Zimmer, in dessen Mitte das Bett schwebt; Ben, der die Geschichte eines Zimmers im wahrsten Sinne des Wortes neu geschrieben hat, und Olivier Mossets Zimmer als Symphonie in Rosarot. Außerdem gibt es die Kategorien „Posterzimmer" und „Freskenzimmer". Nicht zu vergessen das hauseigene Spa. Erfrischend originell. *57 Zi. | 11, Rue Dalpozzo | Tel. 04 93 88 59 35 | www.hotelwindsornice.com | Bus Palais de la Méditerranée*

HOTELS €€

HÔTEL ARMENONVILLE (140 A5)
Ein Garten mit Kakteen, Palmen, Mimosen und Zitrusbäumen umgibt das alte Herrenhaus, das ein schönes, kleines Hotel mit sehr freundlicher Atmosphäre beherbergt. *12 Zi. | 20, Av. de Fleurs | Tel. 04 93 96 86 00 | www.hotel-armenonville.com | Bus Gambetta/Bottéro o. Alsace-Lorraine*

HÔTEL DE LA FONTAINE (140 B5)
Ein Schritt vor die Haustür, und Sie sind mittendrin im Geschehen: in einer belebten Straße unweit von Mittelmeer und Fußgängerzone. Einfache, saubere Zimmer und ein schöner Innenhof, in dem man sich vom Bummeln ausruhen kann. *29 Zi. | 49, Rue de France | Tel. 04 93 88 30 38 | www.hotel-fontaine.com | Bus Congrès/Promenade*

INSIDER TIPP **HÔTEL DE LA MER** (140 C5)
Hier sind Sie wirklich in Nizza. Die Hälfte der Zimmer geht auf die Fontaine du Soleil und die weitläufige Place Masséna hinaus. Das Hotel, das sich in der 1. Etage eines historischen Gebäudes befindet, ist 2013 komplett renoviert worden. Hier wohnen Sie in einem geschmackvollen und freundlichen Hotel in bester Lage. *12 Zi. | 4, Place Masséna | Tel. 04 93 92 09 10 | www.hoteldelamernice.com | Tramway Masséna*

LITTLE PALACE (140 B4)
Tolles Preis-Leistungs-Verhältnis und freundlicher Service in zentraler, guter Lage. Geschäfte, Restaurants, Strandpromenade und auch der Bahnhof sind nicht weit. Idealer Ausgangspunkt, wenn Sie per Zug die Côte d'Azur erkunden möchten. Ideal auch für Familien, da es Vierbettzimmer gibt. *30 Zi. | 9, Av. Baquis | Tel. 04 97 03 00 00 | www.littlepalace-nice.fr | Bus Congrès/Joffre*

NICE GARDEN HOTEL ★ (140 B5)
Ein Garten mit duftenden Orangenbäumen – das sehen Sie beim Blick aus dem

MARCO POLO HIGHLIGHTS

★ **Hi Hôtel**
Hinter der Fassade verbirgt sich „das" Designhotel von Nizza
→ S. 80

★ **Nice Garden Hotel**
Besonders netter Service, besonders schöner Garten → S. 81

★ **Négresco**
Was wäre die Promenade des Anglais ohne die Fassade des Négresco? → S. 82

★ **Hyatt Regency Nice – Palais de la Méditerranée**
Alte Fassade, neuer Kern – der „Palast des Mittelmeers"
→ S. 82

Fenster! Das kleine Hotel von Marion Hoffmann ist ideal gelegen; alle Räume sind liebevoll renoviert worden, und man wird so herzlich empfangen, dass man sich gleich heimisch fühlt. *9 Zi. | 11, Rue du Congrès | Tel. 04 93 87 35 62 | www.nicegardenhotel.com | Bus Congrès/Promenade*

INSIDER TIPP HÔTEL ROSSETTI (140 C5)
Ein neues Hotel in alten Gemäuern. Die Lage ist perfekt im Zentrum der Altstadt:

LUXUSHOTELS

Hyatt Regency Nice – Palais de la Méditerranée ★ (140 B5)
Luxus hinter Art-déco-Fassade. 2004 wurde das geschichtsträchtige Haus nach 26-jähriger Pause und aufwendigen Restaurierungsarbeiten wieder eröffnet. Und schloss sofort an seinen Ruhm aus den 30er-Jahren an. Das Restaurant *3e (tgl.)* befindet sich, man ahnt es, im 3. Stock und bietet mit dem Mittagsmenü für 25 Euro Gelegenheit für ein gutes Essen in stilvollem Rahmen. *176 Zi., 12 Suiten | 315–825 Euro | 13, Promenade des Anglais | Tel. 04 93 27 12 34 | nice.regency.hyatt.com | Bus Gustave V*

Négresco ★ (140 A5)
Hotellegende, Museum, das Gesicht Nizzas – das Hôtel Négresco steht für Nizza wie kein anderes. Von außen wie von innen versprüht das Traditionshaus Prunk und Pracht. Geldadel und Prinzen, Promis und Sternchen steigen hier ab. Prunkvoll ist nicht nur die Fassade mit der Kuppel von Gustave Eiffel: Im Salon Royal unter dem Glasdach wiegt der Kristalllüster 1000 kg, und darunter liegt der größte Aubusson-Teppich der Welt. Der Hotelpalast besitzt auch eine bemerkenswerte Kunstsammlung. Das Ein-Stern-Restaurant *Le Chantecler (Mi–So, nur abends)* ist schlossartig schwer eingerichtet. *117 Zi., 31 Suiten | 357–1840 Euro | 37, Promenade des Anglais | Tel. 04 93 16 64 00 | www.hotel-negresco-nice.com | Bus Gambetta/Promenade*

La Pérouse (141 D5)
Eine der Topadressen der Stadt. In unmittelbarer Nähe zur Altstadt am Ende der Promenade gelegen, aber trotzdem eine Oase der Ruhe. Wer hier ein Zimmer mit Meerblick auf die Baie des Anges hat, wird es nie wieder verlassen wollen. Das Restaurant *Le Patio (Feb.–Nov. tgl.)* macht seinem Namen alle Ehre: Im sonnigen Innenhof werden leichte mediterrane Speisen unter Zitronenbäumen serviert. *56 Zi., 4 Suiten | 275–950 Euro | 11, Quai Raubà Capéù | Altstadt | Tel. 04 93 62 34 63 | www.hotel-la-perouse.com*

Westminster (140 B5)
Ein Juwel aus der Belle Époque. Seit seiner Gründung im Jahr 1880 ist das Hotel in Familienbesitz. Ebenso familiär und herzlich ist der Empfang. Moderne Zimmer, freundliche Atmosphäre und zwei Schritte bis zur Promenade. Restaurant *Le Farniente (Anfang Jan.–Okt. tgl.)* mit Meerblick-Terrasse. *100 Zi. | 190–900 Euro | 27, Promenade des Anglais | Tel. 04 92 14 86 86 | www.westminster-nice.com | Bus Congrès/Promenade*

Villa La Tour: Zimmer in Weiß und Blau, mit viel Holz und viel Charme

Die Place Rossetti liegt vor der Haustür, der Cours Saleya ist nicht weit. Trotzdem schläft es sich ruhig! Eingerichtet ist das 2013 eröffnete Hotel minimalistisch mit hellen Holz- und Cremetönen. Très chic! *7 Zi. | 1, Rue Sainte Réparate | Altstadt | Tel. 04 97 08 13 97 | www.hotelrossetti.fr*

SAINT GEORGES (140 B4)
Das Hotel im Familienbesitz liegt zentral zwischen Bahnhof und Place Masséna, verfügt über gemütliche Zimmer und einen kleinen Garten. Reservieren Sie ein Zimmer mit Gartenblick. *30 Zi. | 7, Av. Georges Clémenceau | Tel. 04 93 88 79 21 | www.hotelsaintgeorges.fr | Tramway Jean Médecin*

VILLA LA TOUR (141 D4)
Kleines Hotel im Herzen der Altstadt in den Mauern eines Klosters aus dem 18. Jh. Das Haus stützt sich gegen die Tour de l'Horloge, den Uhrturm, und ist mit Charme und Komfort ausgestattet. Die Zimmer sind zwar nicht groß, aber sehr schön und praktisch eingerichtet, einige mit Balkon. *17 Zi. | 4, Rue de la Tour | Tel. 04 93 80 08 15 | www.villa-la-tour.com | Tramway Cathédrale-Vieille Ville*

INSIDER TIPP **VILLA RIVOLI** (140 B5)
Außen Belle-Époque-Fassade von 1890, innen liebevoll und individuell eingerichtete Zimmer. Ein kleiner Garten für die Pause zwischendurch, und der Strand ist auch nur 100 m entfernt. Barbara Kimmig und ihr Team schaffen es, dass man sich rundum wohlfühlt. *26 Zi. | 10, Rue de Rivoli | Tel. 04 93 88 80 25 | www.villa-rivoli.com | Bus Rivoli*

HOTELS €

LES CIGALES (140 B5)
Hotel in guter Lage mit freundlichem Service. Die Zimmer sind nichts Besonderes, aber sehr sauber. Pluspunkt ist die Dachterrasse für eine Ruhepause nach Stadtbummel und Strand. *19 Zi. | 16, Rue Dalpozzo | Tel. 04 97 03 10 70 | www.hotel-lescigales.com | Bus Gambetta/Grimaldi o. Congrès/Joffre*

LE PETIT LOUVRE (140 C4)
Zentral, günstig, sauber: perfekt für junge Leute und Reisende mit kleinem Budget. *32 Studios | Okt.–März geschl. | 10, Rue Emma et Philippe Tiranty | Tel. 04 93 80 15 54 | www.hotelpetitlouvre.fr | Tramway Jean Médecin*

INSIDER TIPP **LE PETIT TRIANON**
(140 B5)
In der Fußgängerzone versteckt, befindet sich das Hotel in der zweiten Etage eines Hauses (kein Aufzug). Renoviert, sauber und geschmackvoll in Weiß- und Beigetönen eingerichtet. In verschiedenen Altstadtvierteln werden wochenweise auch 4 Studios vermietet. *7 Zi. | 11, Rue Paradis | Tel. 04 93 87 50 46 | www.lepetittrianon.fr | Tramway Masséna*

LOW BUDG€T

Zwei Jugendherbergen gibt es in Nizza: Zentral liegt *Les Camélias* **(140 C4)** *(ab 23,70 Euro/Person | ganzjährig | 3, Rue Spitalieri | Tel. 04 93 62 15 54 | www.hihostels.com | keine Parkplätze | Tramway Jean Médecin)*. Etwas außerhalb liegt *Mont Boron* **(141 F4)** *(ab 18,20 Euro/Person | Juni–Sept. | Route Forestière du Mont Alban | Tel. 04 93 89 23 64 | www.hihostels.com | Bus Maeterlinck)*.

Clairvallon **(149 D3)** ***(🕮 D2)*** *(20 Euro Ü/F, 32 Euro Halbpension | ganzjährig | 26, Av. Scudéri | Tel. 04 93 81 27 63 | www.clajsud.fr | Bus Relais de la Jeunesse)* ist ein im Stadtteil Cimiez gelegenes Jugendhaus mit 4- bis 6-Bett-Zimmern und Schwimmbad.

RÉGENCE (140 B5)
Hier sind Sie mitten im Geschehen. Sauber, freundlich und zentral: Strand und Meer nicht weit, Altstadt in Fußnähe und jede Menge Cafés, Restaurants und Geschäfte direkt vor der Tür. *60 Zi. | 21, Rue Masséna | Tel. 04 93 87 75 08 | www.hotelregence.com | Tramway Masséna*

SOLARA (140 B5)
In der Fußgängerzone gelegen, nur 100 m vom Meer entfernt. Frühstück über den Dächern von Nizza? Die Zimmer im fünften Stock besitzen INSIDER TIPP eine eigene Terrasse ! *14 Zi. | 7, Rue de France | Tel. 04 93 88 09 96 | www.hotelsolara.com | Bus Congrès/Promenade*

FERIENWOHNUNGEN

Neben Hotels gibt es natürlich auch die Möglichkeit, ein Studio oder eine Ferienwohnung zu mieten. Eine Übersicht solcher Unterkünfte, die meistens erst ab einer Woche Aufenthaltsdauer buchbar sind, finden Sie auf der Internetseite des Office de Tourisme. *www.nicetourism.com*

CHAMBRES D'HÔTES

In Frankreich gibt es zu Hotels noch die Alternative der *chambres d'hôtes*. Etwas irreführend ist die Übersetzung „Gästezimmer"; es handelt sich nicht um verstaubte, sondern um liebevoll und sehr persönlich geführte, oft restaurierte alte Gemäuer, in denen die Besitzer einige wenige Zimmer vermieten. Frühstück ist im Preis inbegriffen; manchmal wird ein *table d'hôte* angeboten: Die Vermieter kochen für ihre Gäste, gegessen wird gemeinsam. Sehr verbreitet sind die *chambres d'hôtes* in Ortschaften und auf dem Land. Daher ist die Auswahl in Nizza nicht sehr groß. Aber ein paar gibt es doch: Stöbern Sie mal auf diesen Seiten: *www.gites-de-france.com* und *www.fleursdesoleil.fr*.

LE BLASON (141 D4)
An einem von Nizzas schönsten Plätzen, der Place Garibaldi, liegt das Chambre und Table d'hôte von Monsieur Laporte de Rancillac. Er ist Gastgeber mit Leib und Seele; abends kocht er für seine Gäste. Das „Chambre Rose" eignet sich auch für Familien – es bietet Platz für vier Personen. *4 Zi. | 110–140 Euro | 8, Place Garibaldi | Tel. 04 93 89 21 88 | www.leblason.net | Tramway Garibaldi*

LE CASTEL ENCHANTÉ (148 C3) (*D3*)
In den Hügeln von Nizza liegt das *chambre d'hôte* von Martine und Jacques Ferrary. Gemütliche Zimmer und ein kleines Häuschen (900 Euro/Woche) in absoluter Ruhe, mit Schwimmbad und einer großen Terrasse. Das Castel ist gut mit dem Bus erreichbar. *4 Zi. | 130 Euro | 61, Route de Saint Pierre de Féric | Tel. 04 93 97 02 08 | www.castel-enchante.com | Bus Emmanuel*

LOU SOULEOU (141 D5)
Toplage! In den historischen Häusern an der Promenade, parallel zum Blumenmarkt. Meerblick vom Frühstücksraum und Balkon. Einfach, aber sehr sauber; zwei Bäder müssen geteilt werden. Die Zimmer „Zen" und „Swazi" haben eine INSIDER TIPP kleine Terrasse. *5 Zi. | 100–130 Euro | 26, Rue des Ponchettes | Altstadt | Mobil 06 49 95 76 25 | www.lelousouleou.nice.free.fr*

INSIDER TIPP **VILLA KILAUEA**
(144 C2)
Wer außerhalb des Zentrums absteigen möchte und idealerweise ein Auto besitzt, ist bei Nathalie und Gérard Graffagnino bestens aufgehoben. Schöne Zimmer, ein noch schönerer Pool und die allerschönste Aussicht! *3 Zi. | ab 130 Euro | 6, Chemin du Candeu | Tel. 04 93 37 84 90 | www.villakilauea.com*

Die Place Garibaldi mit der Statue des Freiheitskämpfers ist einer der zentralen Plätze Nizzas

ERLEBNISTOUREN

1 NIZZA PERFEKT IM ÜBERBLICK

START: ① La Civette du Cours **ZIEL:** ⑪ Shapko Bar	**1 Tag** reine Gehzeit 1 Stunde (plus 1–2 Stunden Rad/Inliner)
Strecke: ➡ **3 km (ohne Rad-/Inlinerfahren)**	

KOSTEN: Fahrrad oder Inliner inkl. Knieschoner 1 Std. 5 Euro, 2 Std. 7 Euro
⑦ **MAMAC:** Eintritt 10 Euro

Nizza ist eine ideale Stadt für einen Kurztrip: schnell zu erreichen und überschaubar genug, um sie in wenigen Tagen erkunden zu können. Das Wichtigste? Frische Luft, Meer, Märkte und mediterranes Leben. Diese Tagestour führt Sie durch das Herz Nizzas – die Altstadt und die Promenade, vorbei am Blumenmarkt, durch verwinkelte Gassen, zu Kunst und Kultur und einem Ausklang an der blauen Engelsbucht.

Städte haben viele Facetten. Wenn Sie Lust haben, diese verschiedenen Gesichter mit all ihren einzigartigen Besonderheiten zu entdecken, wenn Sie jenseits bekannter Pfade geführt oder zu grünen Oasen, ausgewählten Restaurants oder typischen Aktivitäten geleitet werden wollen, dann sind diese maßgeschneiderten Erlebnistouren genau das Richtige für Sie. Machen Sie sich auf den Weg und folgen Sie den Spuren der MARCO POLO Autoren – ganz bequem und mit der digitalen Routenführung, die Sie sich über den QR-Code auf S. 2/3 oder die URL in der Fußzeile zu jeder Tour downloaden können.

09:00 Der perfekte Tag beginnt mit einem *café crème* oder *noir* und einem frischen Croissant. Ein schöner Ort dafür ist das **1 La Civette du Cours → S. 55** auf dem Cours Saleya → S. 69. Hier treffen sich Einheimische während ihres Marktbummels. In dem gelben Haus an der östlichen Seite des Markts lebte Henri Matisse. Frühstück, Morgensonne und Markttreiben machen Lust auf mehr. Nach diesem gemütlichen Auftakt **lassen Sie das Café rechts liegen** und schlendern Sie zwischen den farbenfrohen Ständen des Markts. Nach Gemüse, Obst und Kräu-

1 La Civette du Cours

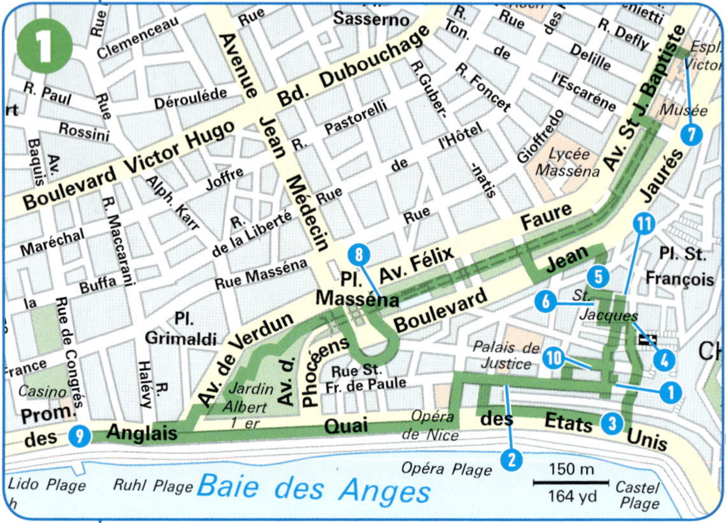

❷ Marché aux Fleurs

❸ Roller Station

❹ Restaurant du Gesu

❺ Fenocchio

tern geht es zum Schluss durch die Blumenstände. Immerhin befinden Sie sich auf dem berühmten ❷ **Marché aux Fleurs**! **Direkt hinter den letzten Ständen gehen Sie links und biegen dann links auf den Quai des États-Unis. Auf der linken Seite liegt die** ❸ **Roller Station → S. 122**. Jetzt heißt es Inliner anschnallen oder sich aufs Rad setzen! Die Promenade ist breit und erstreckt sich über mehr als 7 km vom Flughafen bis zum Hafen: perfekt, um ein oder zwei Stunden lang hin und her zu rollen! Wenn Sie eine Pause brauchen, genießen Sie die am besten auf einem der nizzatypischen blauen Stühle, die überall herumstehen.

12:30 Nun meldet sich vermutlich der Hunger. **Rechts neben der Roller Station ist ein Durchgang, durch den Sie die Promenade verlassen. Gehen Sie geradeaus durch die Rue Jules Gilly, die zur Rue Droite → S. 32 wird. So gelangen Sie zur kleinen Place du Jesus** und dem versteckten ❹ **Restaurant du Gesu → S. 61**. Hier gibt es Nizzaer Küche zum Sattessen. Gnocchi, Ravioli – nicht italienisch, sondern auf Nizzaer Art, *niçois* eben. Der Nachtisch kommt danach in die Tüte. Und zwar bei ❺ **Fenocchio → S. 56**, Nizzas bekanntestem Eiskünstler an der Place Rossetti → S. 32. **Dazu gehen Sie in die der Kirche gegenüberliegende Rue du Jesus, biegen rechts auf die Rue Centrale und kommen auf die Place Rossetti.**

14:30 Werfen Sie noch einen Blick in die **6 Cathédrale Sainte-Réparate → S. 29**, **bevor Sie den Platz an der Nordseite verlassen,** um durch die schattigen Altstadtgassen zu spazieren. **Hierzu nehmen Sie die Rue du Pont Vieux, biegen dann links in die Rue de la Boucherie, die zur Rue du Marché wird. Sie verlassen die Gassen rechts über die Descente du Marché und stehen auf dem Boulevard Jean Jaurès. Ihr Weg führt rechts über die Promenade du Paillon → S. 33.** Gönnen Sie sich hier noch eine kleine Verschnaufpause in der Sonne, bevor die Kultur ruft: Am Ende der Promenade stoßen Sie auf das **7 MAMAC → S. 34**. Der Besuch des Museums für moderne und zeitgenössische Kunst gibt Einblick in die bewegte Kunstszene der Stadt Mitte des 20. Jhs.: 1960 begründete eine Künstlergruppe um die gebürtigen Nizzaer Yves Klein und Arman den Nouveau Réalisme.

16:30 Nach dem Ausflug in die Kunstgeschichte Nizzas geht es **über die Promenade du Paillon zur 8 Place Masséna → S. 36**. Der weitläufige, italienisch anmutende Platz ist die Schnittstelle zwischen Alt- und Neustadt. Machen Sie hier eine kurze Pause an einem Brunnen und genießen das mediterrane Flair. An die Place Masséna schließen sich in nordöstlicher Richtung Nizzas Einkaufsstraßen an. **Danach durchqueren Sie geradeaus den Jardin Albert 1er → S. 34 und gelangen auf die Uferpromenade.** Der Anblick der türkisblauen Bucht ruft förmlich nach einem Aperitif! **Sie gehen auf der Promenade des Anglais → S. 51 rechts bis zur 9 INSIDER TIPP Plage Lido** mit ihren vielen Bars und Bistrots. Der perfekte Platz: direkt am Strand, das Wellengeräusch auf den Kieselsteinen und der Blick aufs Meer. Wenn Sie mögen, können Sie hier auch schon einen kleinen Imbiss zu sich nehmen. **Danach spazieren Sie die Promenade in Richtung Colline du Château zurück, überqueren die Cours Saleya, biegen links in die Rue St. Gaëtan und sofort rechts in die Rue Barillerie ein,** wo Sie im Restaurant **10 Chat Noir Chat Blanc → S. 58** zu Abend essen.

21:00 Noch nicht müde? Dann geht es danach in den Bars der Altstadt weiter. Im Sommer können Sie sich einen Platz unter freiem Himmel aussuchen; ansonsten ist die **11 Shapko Bar → S. 75** eine gute Adresse **(zu erreichen in Richtung Norden über die Rue de la Poissonerie und die Rue Benoit Bunico)**, um den Abend bei einem Gläschen ausklingen zu lassen.

6 Cathédrale Sainte-Réparate
7 MAMAC
8 Place Masséna
9 Plage Lido
10 Chat Noir Chat Blanc
11 Shapko Bar

2 HUNDERT PROZENT MEER

START: ❶ Quai Lunel **ZIEL:** ❿ Café de Turin	**1 Tag** reine Gehzeit 1,5 Stunden
Strecke: ➡ **24,5 km (davon 17 km per Schiff)**	

KOSTEN: Schiffsfahrt 17,50 Euro, Bus 1,50 Euro

MITNEHMEN: Kopfbedeckung, gute Schuhe, Sonnenschutz, Badezeug

ACHTUNG: Schiffsfahrt April–Okt. Di–So, Abfahrt 11 Uhr am Quai Lunel, Höhe Nr. 22: *Trans Côte d'Azur (Tel. 0 492 004 230 | www.trans-cote-azur.com)*

❽ **Cap de Nice:** Küstenweg wegen des Wellenschlags unbedingt die Wetterwarnungen beachten

❷ **Bistrot du Port,** ❿ **Café de Turin:** Tische möglichst vorab reservieren

❾ **Busstation Maeterlinck:** Busse (Linien 81 und 100) ab hier fahren 1- bis 3-mal pro Stunde *(www.lignesdazur.com)*

„Meer pur" ist das Motto bei dieser Tour, die mit einer Bootsfahrt entlang der Küste beginnt und im Café de Turin, Nizzas Toprestaurant für Meeresfrüchte, endet. Dass sich in Nizza Sightseeing und Naturerlebnisse verbinden lassen, zeigt sich im Viertel rund um den Hafen Lympia, das mit vielen Restaurants und Galerien zuletzt immer attraktiver geworden ist.

❶ Quai Lunel

❷ Bistrot du Port

❸ Confiserie Florian

11:00 Die Tour beginnt mit einer einstündigen Küstenrundfahrt. Das Ausflugsschiff legt am ❶ **Quai Lunel** ab und fährt aus dem Port Lympia → S. 39 hinaus in die Bucht von Villefranche, am Cap Ferrat entlang und zurück zur Promenade des Anglais. Pünktlich zur Mittagszeit legt das Schiff wieder im Hafen an.

12:00 Zeit für einen Mittagsimbiss! Und der ist nicht weit: **Sie gehen den Quai Lunel links hinauf und kommen nach wenigen Metern zum** ❷ **Bistrot du Port** *(Di/Mi geschl. | 28, Quai Lunel | Tel. 04 93 55 21 70 | www.lebistrotduportdenice.fr | €)*. Mit Blick auf den Hafen können Sie hier herrlich lunchen. Gut gestärkt gehen Sie dann **den Quai Lunel hinunter in Richtung Quai Papacino.** Sie stoßen kurz darauf auf die ❸ **Confiserie Florian** → S. 122, die nach der Mittagspause um 14 Uhr öffnet. Wenn es schon so weit ist, können Sie sich noch etwas zum Naschen auf den Weg mitnehmen. Weiter geht es **die Rue Robilante hügelaufwärts.** An der nächsten Straßengabelung liegt

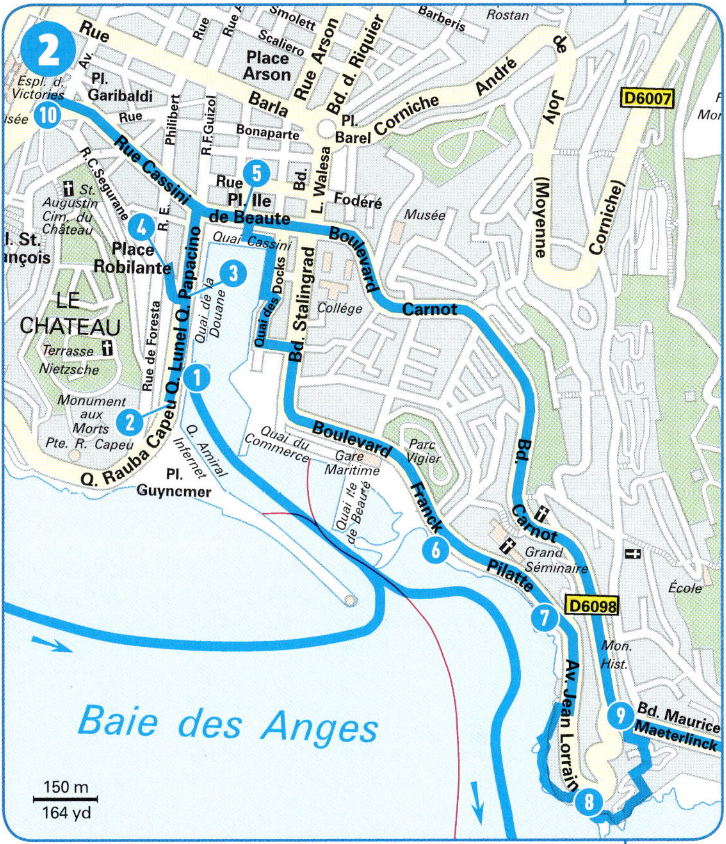

der kleine Antiquitätenladen von ❹ **Yann – Objets de Marine** *(Sept.–Juni Di–Sa 10.30–18.30, Juli/Aug. Mo–Sa 15–20 Uhr | 38, Rue Catherine Ségurane | www.la-palmeraie.com)*: Wenn Sie zwischen messingglänzenden Schiffsuhren, Kompassen, Sextanten und Bullaugen genug gestöbert haben, gehen Sie **zurück zum Quai Papacino und biegen links ab in Richtung Place de Île de Beauté → S. 39.** In der Kirche ❺ **Notre-Dame du Port** steht im Erker links vom Altar ein blaues Fischerboot, *la barque de Saint Pierre.* Zweimal im Jahr, am 29. Juni (Peter und Paul) und am 15. August (Mariä Himmelfahrt), wird dieses Boot im Hafen festlich zu Wasser gelassen, mit Blumen geschmückt und gesegnet.

❹ **Yann – Objets de Marine**

❺ **Notre-Dame du Port**

Zu einem *plat de fruits de mer* – Meeresfrüchteteller – gehören natürlich auch *crevettes* – Garnelen

6 Badebuchten

7 Jardin Félix Raynaud

8 Cap de Nice

15:00 Setzen Sie Ihren Spaziergang **entlang des Hafenbeckens fort und biegen an dessen Längsseite auf den Quai des Docks.** Hinter Hausnummer 16, einem ehemaligen Bootsschuppen, der zu einem Ladenlokal umfunktioniert wurde, **biegen Sie links in die Rue du Lazaret ab und dann rechts auf den Boulevard Stalingrad (im weiteren Verlauf Boulevard Franck Pilatté).** Sie kommen am Gare Maritime vorbei, wo die Fähren nach Korsika ablegen, und linker Hand am Jardin Vigier. Ein Stück weiter, hinter dem Club Nautique → S. 38, beginnen kleine **6 Badebuchten**, gut geeignet, um eine kleine INSIDER TIPP Badepause einzulegen. Nächster Stopp ist der **7 Jardin Félix Raynaud**. Von der Aussichtsterrasse haben Sie einen herrlichen Blick auf Nizza. Das imposante rosafarbene Gebäude mit der Kapelle hinter Ihnen ist ein ehemaliges Priesterseminar, 1840 erbaut und heute ein Hotel. Vom Aussichtspunkt aus startet nun ein **ausgeschilderter Spaziergang zum 8 Cap de Nice**. Er dauert 20 Minuten, aber da es so viele hübsche, sonnige Buchten, Bänke und Felsen gibt, an denen man unbedingt eine Pause einlegen möchte, wird es sicher länger dauern! Der Weg ist in den Fels geschlagen und bietet einen weiten Blick über das Meer. Man mag nicht glauben, dass das Großstadtgetriebe so nah ist. **Nach ca. 1,5 km erreichen Sie das Kap. Links führen sehr viele, sehr steile Stufen nach oben. Am**

Ende gehen Sie ein paar Meter rechts und steigen links abermals Treppen hinauf, bis Sie auf die Avenue de Cap de Nice stoßen. Hier gehen Sie geradeaus weiter bis zum Boulevard Maurice Maeterlinck. Auf der gegenüberliegenden Straßenseite befindet sich die **9 Busstation Maeterlinck**, von der aus Sie zurück in die Stadt fahren.

9 Busstation Maeterlinck

18:00 **Sie steigen an der Place Garibaldi → S. 35 aus.** Egal, wie lange Sie für den Weg zum Cap de Nice gebraucht haben – jetzt ist es Zeit für einen Aperitif oder ein frühes Abendessen. Direkt an der Place Garibaldi finden Sie Nizzas erste Adresse für Meeresfrüchte, das **10 Café de Turin** → S. 58. Und was könnte nach einem Tag am Meer besser schmecken als ein Glas Rosé mit Crevetten, Austern oder Muscheln?

10 Café de Turin

3 RUND UM DIE COLLINE DU CHÂTEAU

START: 1 Pointe Raubà Capéù **ZIEL:** 11 Déli Bo	½ Tag reine Gehzeit 1,5 Stunden (mit Aufzug 1 Stunde)
Strecke: 3 km — Schwierigkeitsgrad: leicht	

MITNEHMEN: Sonnenschutz, gutes Schuhwerk

ACHTUNG: Aufzug April/Mai u. Sept. tgl. 9–19, Juni–Aug. 9–20, Okt.–März 10–18 Uhr

★ Colline du Château, „Schlosshügel": Der Name verspricht, was er nicht hält, denn ein Schloss werden Sie nach dem Aufstieg auf den Stadtberg nicht finden. Dafür eine Parkanlage, die die Nizzaer gerne am Wochenende aufsuchen – kühle Schatten, ein Wasserfall und vor allem: ein perfekter Blick über die Stadt! Am Fuß des Bergs bis hin zum Port Lympia liegt das höchst lebendige Antiquitätenviertel.

Bevor Sie den steilen Weg zur Colline du Château hinaufgehen, sollten Sie an der **1 Pointe Raubà Capéù**, der oft windigen „Hutstehlerspitze", Kraft tanken. Friedrich Nietzsche spazierte hier entlang und fand Inspiration für seine Werke. Am *balcon,* dem halbkreisförmigen Platz, können Sie mithilfe der INSIDER TIPP Sonnenuhr auf dem Boden die Uhrzeit erfahren. Stellen Sie sich auf die angezeigte Markierung! **Sie verlassen den Aussichtspunkt in Richtung Quai des Etats-Unis. Links neben dem Hôtel Suisse**

1 Pointe Raubà Capéù

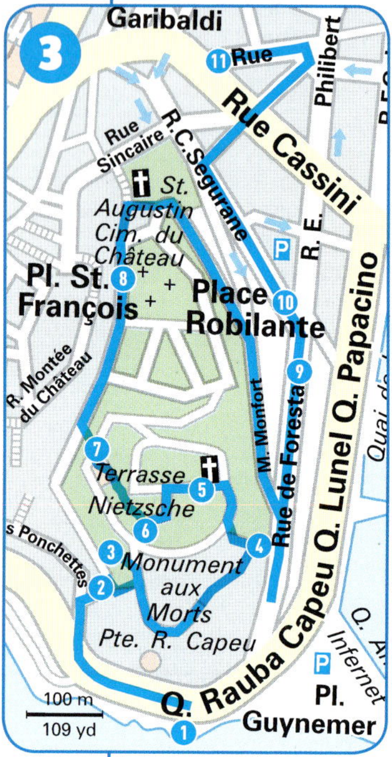

führen rund 370 Stufen zum Schlossberg hinauf. Alternativ können Sie an dieser Stelle den Aufzug nehmen. Er ist in einem Brunnenschacht aus dem Jahr 1517 gebaut, der 73 m tief in den Stein gehauen wurde. Nach etwa zwei Dritteln des Aufstiegs erreichen Sie als ersten Schauinsland den ❷ **Tour Bellanda**. Noch gut 150 Treppen, und Sie haben es ganz geschafft! **Oben angekommen halten Sie sich rechts** und erreichen Nizzas beliebtesten Aussichtspunkt an der ❸ **Place d'Armes**. Von hier schauen Sie die Promenade entlang, sehen die roten Dächer der Stadt und am Horizont die Ausläufer der Seealpen.

❷ Tour Bellanda

❸ Place d' Armes

❹ Aussichtsterrasse

❺ Cathédrale Santa Maria de l'Assompta

❻ La Citadelle

❼ Wasserfall

Von der Place d'Armes aus umrunden Sie den Hügel auf dem Weg Lou Castèau. Sie gelangen so zu der östlichen ❹ **Aussichtsterrasse** mit dem Blick auf den Port Lympia und den Mont Boron. Die schattigen Spazierwege liegen inmitten mediterraner Vegetation und sind ein beliebtes Ziel für Sonntagspicknicks. **Sie folgen dem Weg auf den breiten mit Mosaik verzierten Stufen.** Die Mosaike zeichnen die griechische Vergangenheit Nizzas nach und enden am Treppenabsatz mit dem Zitat des Lyrikers Joachim du Bellay „Heureux qui comme Ulysse a fait un bon voyage" (Glücklich, wer wie Odysseus eine gute Reise gemacht hat). Ein Stück weiter stoßen Sie auf die Fundamente der ❺ **Cathédrale Santa Maria de l'Assompta**. Das Schloss, nach dem der Hügel benannt ist, werden Sie hingegen vergeblich suchen: Die Zitadelle, die einst auf dem Hügel stand, wurde 1706 auf Anordnung von Ludwig XIV. abgerissen. **Sie gehen links an der Ausgrabungsstätte vorbei** und gelangen zur Bar ❻ **La Citadelle** *(tgl. 10–17.30 Uhr)*, wo Sie sich nach so vielen Aussichten ein kühles Getränk verdient haben.

Nun geht es bergab. **Sie nehmen den Weg, der Richtung Tal und Altstadt führt.** Nach wenigen Metern hören Sie rechts oben das Rauschen des ❼ **Wasserfalls**, der im 19. Jh. angelegt wurde. Die Stufen führen Sie direkt an den Wasserfall heran, der Sie mit einer frischen Brise besprüht.

Nehmen Sie dann den Fußweg bergab in Richtung „Cimitières/Vieille ville" und folgen der Allée François Aragon zu den Friedhöfen. Der 8 INSIDER TIPP **katholische Friedhof** ist besonders beeindruckend und zählt zu den schönsten Frankreichs. Das **Monument für die Opfer des Opernbrands** von 1881 befindet sich auf dem Platz am Eingang. Nach dem Verlassen des Friedhofs gehen Sie **rechts hinunter bis ans Ende der Montée Monfort und dann links in die Rue de Foresta. Sie stoßen in ihrer Verlängerung auf die Rue Catherine Ségurane.** Hier beginnt das Antiquitätenviertel, das sich bis zur Rue Martin Seytour erstreckt. An die hundert Antiquitätenhändler, Galeristen und Künstler haben sich hier niedergelassen. Lust auf einen Trödelmarkt? Der kleine Antiquitätenflohmarkt 9 **Les Puces de Nice** *(Di–Sa 10–18 Uhr)* **befindet sich an der Place Robilante. Nach dem Besuch setzen Sie Ihren Weg durch die Rue Catherine Ségurane fort.** Am 10 **Haus Nr. 38** treffen Sie noch einmal auf Friedrich Nietzsche, der hier 1883 sein Werk „Also sprach Zarathustra" vollendete. **Noch ein Stück, und Sie biegen von der Rue Catherine Ségurane rechts in die Rue Martin Seytour ein, kommen zur Place du Pin und gehen links in die Rue Bonaparte.** Hier beenden Sie Ihren Spaziergang im 11 **Deli Bo** → S. 55 und gönnen Sie sich eine köstliche französische Pâtisserie – es lohnt sich!

8 Katholischer Friedhof

9 Les Puces de Nice

10 Haus Nr. 38

11 Deli Bo

Aussichtsterrasse auf dem Colline du Château mit Blick auf Fähranleger und Mont Boron

4 CAP FERRAT: GÄRTEN UND KÜSTENWEGE

START: ❶ Busstation Passable/Rothschild
ZIEL: ❶ Busstation Passable/Rothschild

1 Tag
reine Gehzeit
3 Stunden

Strecke:
8,5 km

KOSTEN: Busfahrt (hin u. zurück) 3 Euro, Eintritt ❷ **Villa Ephrussi de Rothschild** 13 Euro, ❺ **Villa Santo Sospir** 12 Euro
MITNEHMEN: Gutes Schuhwerk, Badezeug

ACHTUNG: Anfahrt per Buslinie 81 ab Promenade des Arts ca. 30 Min. *(www.lignesdazur.com)*
❹ **Capitaine Cook:** Tisch reservieren *(Mi geschl., Do nur abends)*
❺ **Villa Santo Sospir:** Der Besuch muss angemeldet werden *(Tel. 0 493 760 016 | www.villasantosospir.fr)*

Schon beim Anflug auf Nizza bleibt der Blick an der Landzunge hängen: Parkanlagen, Villen, die sich darin verlieren, ein weißer Leuchtturm, der aus dem Grün herausspitzt, der sich hell steinig absetzende Küstenweg. Jetzt das Ganze von unten: Das Cap Ferrat → S. 47 bietet viel für einen erlebnisreichen Spaziergang, so die Villa Ephrussi de Rothschild mit ihren wunderbaren Gärten, feudale Privatvillen und schließlich einen Küstenrundgang um das Kap.

❶ Busstation Passable/ Rothschild

❷ Villa Ephrussi de Rothschild

09:00 Sie beginnen Ihren Ausflug mit einer Spazierfahrt per Bus durch Nizza, Villefranche-sur-Mer, Beaulieu-sur-Mer bis hin nach Saint-Jean Cap Ferrat. An der Haltesstelle ❶ **Busstation Passable/Rothschild** steigen Sie aus und gehen **ein kleines Stück zurück zur** ❷ **Villa Ephrussi de Rothschild → S. 50** und starten Ihren Aufenthalt in **Saint-Jean Cap Ferrat** mit einem Spaziergang durch die Gärten des wunderschönen Palais. Neben dem französischen, spanischen, japanischen und exotischen Garten ist der INSIDER TIPP Rosengarten während der Blütezeit das absolute Highlight! Zeit für eine Pause? Im **Salon de Thé** der Villa, der sich schon allein wegen der schönen Aussicht lohnt, gibt es einen schnellen Kaffee. Anschließend laufen Sie wieder zurück **nach Süden in Richtung Kapspitze. An der Weggabelung am Touristenbüro halten Sie sich links, folgen der Avenue Denis Semeria, dann dem Boulevard de la Libération und halten sich am Ende rechts.** So erreichen Sie nach einer Viertelstunde den Hafen von Saint-Jean-Cap-Ferrat. Er wurde Mitte des 19. Jhs. angelegt und 1972 um den ❸ **Yachthafen**, der 500 Liegeplätze besitzt, erweitert. Rund ums Hafenbecken finden Sie zahlreiche Bistrots, Cafés und Geschäfte.

❸ Yachthafen

13:00 Zum Lunch kehren Sie am besten in das Restaurant ❹ INSIDER TIPP **Capitaine Cook** *(Fr–Di 12.15–14.15 Uhr | 11, Av. Jean Mermoz | Tel. 04 93 76 02 66 | €€)* ein. **Dazu verlassen Sie den Hafen in südlicher Richtung und nehmen die Avenue Jean Mermoz.** Kein stylisches Design, sondern die gute, französische Bistrotküche von Lionel und Nellie locken die Leute hierher. Besonders diejenigen, die Fischsuppe mögen, werden hier glücklich! Nach dem mediterranen Lunch brechen Sie nun auf zu einem herrlichen Spaziergang vorbei an prachtvollen Villen und türkisfarbenen Buchten. **Von der Avenue Jean Mermoz ostwärts geht es rechts über die Passage des Fosses zur Avenue Claude Vignon.** Der Weg führt Sie nun rings um die Südspitze der Halbinsel. Nach ca. 2,5 km kommen Sie zum **Leuchtturm**. **Hier biegen Sie rechts auf den Chemin du Phare und kurz darauf auf die Avenue Jean Cocteau ab.** Die ❺ **Villa Santo Sospir** finden Sie unter der Hausnummer 14. Der Maler, Schriftsteller und Regisseur Jean Cocteau (1889–1963) hat das Haus mit Fresken, Mosaiken und Deckengemälden dekoriert. Das in Privatbesitz befindliche Schmuckstück ist sehr sehenswert!

❹ Capitaine Cook

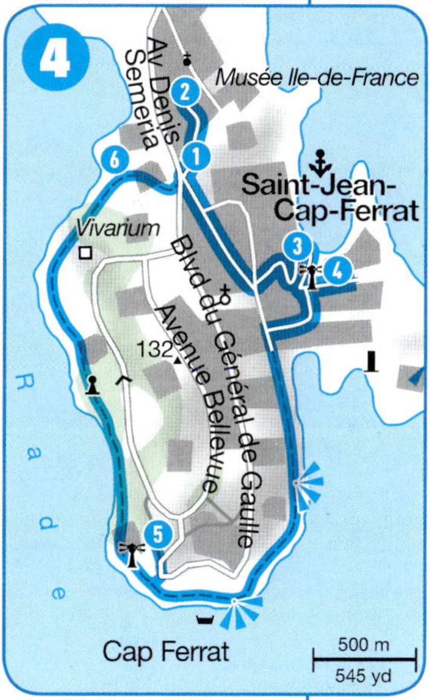

❺ Villa Santo Sospir

16:00 Nach diesem Abstecher **gehen Sie denselben Weg zurück, bis Sie wieder auf den Küstenweg stoßen, dem Sie in Richtung Norden weitere 3 km folgen, bis Sie zur Plage de Passable kommen.** Geschafft – hier erwartet Sie das ❻ **Restaurant Plage de Passable** *(April–Sept. tgl. 9–18 Uhr | Chemin de Passable | Tel. 04 93 76 06 17 | www.plage-de-passable.com | €–€€)*, und Sie können noch ein Bad im Meer nehmen, bevor Sie sich auf den kurzen Rückweg zum Bus machen.**Dazu wenden Sie sich beim Restaurant nach rechts und folgen dem Chemin de Passable, biegen links ab auf die Avenue Denis Semeria** und erreichen nach ein paar Metern wieder die ❶ **Busstation Passable/Rothschild**.

❻ Restaurant Plage de Passable

❶ Busstation Passable/Rothschild

ANTIBES

(148 B5–6) *(🗺 C4–5)* **Anders als Nizza und Cannes, wo breite Promenaden zum Schlendern einladen und herrschaftliche Häuser mondänen Charme versprühen, ähnelt Antibes (76 600 Ew.) mit seiner Stadtmauer und den engen Gassen einer Festungsanlage.**

Antipolis, so nannten die Griechen die Stadt, die sie 340 v. Chr. „gegenüber" von Nizza gründeten. Später, von 400 bis 1244, war Antibes Bischofssitz, der dann nach Grasse verlegt wurde. Einem berühmten Baumeister ist das Wahrzeichen von Antibes, die Stadtmauer, zu verdanken: Hier legte der Marquis de Vauban, der Festungsbaumeister Ludwigs XIV., Hand an. Besonders gut ist sein Werk zu sehen, wenn Sie die Altstadt entlang der Uferpromenade in westlicher Richtung verlassen. Hier bietet sich das schönste Panorama des Orts: die Stadtmauer, das Château Grimaldi und im Hintergrund die Seealpen.

Heute ist Antibes eine belebte Stadt mit dem größten Yachthafen Europas: Besonders im Sommer geht es hier trubelig und bunt zu. Dann wächst die Bevölkerung auf 175 000 Menschen an! In den Gassen ist es kühl, das glitzernde, tiefblaue Meer lockt, und in den Bars beginnt der Abend mit einem Pastis. Die Einheimischen lieben ihre Stadt aber auch im Winter, wenn es auf dem morgendlichen *Marché Provençal* gemächlich zugeht, Zeit für einen kleinen Tratsch bleibt, die Yachten im Hafen wippen und der *café crème* in der milden Wintersonne besonders gut schmeckt.

 Bild: Antibes

Festungsstadt zwischen Meer und Seealpen: Schattige Altstadtgassen, berühmter Yachthafen und Strandleben – das ist Antibes

CITY WOHIN ZUERST?
Der Spaziergang durch Antibes beginnt in der Altstadt mit einem Bummel über den **Marché Provençal (145 E3)**. Von hier aus sind die Sehenswürdigkeiten der Stadt gut erreichbar. Der Bahnhof liegt am Rand der Altstadt; schwierig gestaltet sich im Sommer die Parkplatzsuche trotz zahlreicher Parkplätze rund um die Altstadt.

SEHENSWERTES

ALTSTADT ★ (145 D–E 2–3)
Wo die Wellen an die felsige Küste klatschen, erhebt sich die Stadtmauer von Antibes, in deren Schutz die Altstadt gewachsen ist – mit ihren schattigen Gassen, schmalen, mit Blumentöpfen geschmückten Stadthäusern und sonnigen Plätzen, gesäumt von Cafés und Restaurants. In der *Vieille Ville* steht das Leben selten still: Es beginnt am frühen Morgen, wenn die Bauern auf dem Markt

Cafés, Crêperien, Restaurants: Überall in der Altstadt verstecken sich lauschige Plätze

ihre Stände aufbauen, und endet, wenn die Bars nachts ihre Türen schließen.

CAP D'ANTIBES ★ (148 B6) (🕮 C5)

Die Landzunge zwischen Antibes und Juan-les-Pins – feudale Villen, die man vor lauter Grundstück nicht sieht, Pinien, die in den Himmel ragen, eine herrliche Küstenstraße, das legendäre *Hôtel du Cap-Eden-Roc*, in dem ganz Hollywood ein- und ausgeht. Vom *Leuchtturm Garoupe (Route du Phare)* aus hat man einen weiten Blick über die Küste. In der benachbarten *Chapelle de la Garoupe* steht die vergoldete Holzstatue der Notre-Dame de Bon-Port, der Patronin der Seefahrer. Zahlreiche Votivtafeln erinnern an verunglückte Seeleute. *www.lecapdantibes.com | Bus 2 Richtung Eden Roc*

INSIDER TIPP LE CHEMIN DES CONTREBANDIERS (148 B5–6) (🕮 C4–5)

Meer, so weit das Auge reicht: Ein Spaziergang auf dem „Schmugglerpfad" rund um das Cap d'Antibes ist ein Naturschauspiel. Start des ca. zweistündigen Rundgangs ist die *Plage Garoupe* am Cap d'Antibes. Dort nehmen Sie am Ende des Strandes den kleinen Weg *Chemin de Tirepoil*. Ein schmaler Pfad führt Sie nun durch eine Felsenlandschaft – auf der einen Seite die grünen Gärten der großen Anwesen, auf der anderen das offene Meer. Danach folgt ein Spaziergang durch die Villengegend, und Sie kommen zurück zur Plage Garoupe. Tipps: gutes Schuhwerk und – das Wochenende meiden! *Bus 2 bis Haltestelle Bouée*

FORT CARRÉ (145 D–E1)

Auf der Halbinsel Saint-Roch thront das Fort Carré. Es ist umgeben von einem Park – gut für einen Spaziergang und einen Blick auf Antibes und den Hafen. Das Fort wurde in der zweiten Hälfte des 16. Jhs. gebaut. Bis zum Anschluss Nizzas an Frankreich im Jahr 1860 diente es als Wach- und Verteidigungsposten: Bis dahin war Antibes letzter Hafen vor der

Grenze zur Grafschaft Nizza. 1997 kaufte die Stadt die Anlage. Heute können Besucher das Fort Carré mit Kapelle, Küche, Schlafsaal etc. besichtigen. *Die häufig wechselnden Öffnungszeiten im Touristikbüro oder per Telefon erfragen | Tel. 04 92 90 52 13 | Eintritt 3 Euro | Bus 13 aus der Altstadt*

INSIDER TIPP MUSÉE PEYNET ET DU DESSINS HUMORISTIQUES (145 D3)

Ein kurzweiliger Abstecher während eines Altstadtbummels! Das Museum zeigt Werke des französischen Zeichners Raymond Peynet (1908–99). Berühmt sind seine „Amoureux" („Verliebte"), Darstellungen der Traumwelt eines Liebespaars. Für die Stadt Antibes hat Raymond Peynet ein „Liebesdiplom" entworfen, das jedem Hochzeitspaar geschenkt wird. Ebenfalls zu sehen: provokativ-lustige (Presse-)Karikaturen. *Di–So 10–12 u. 14–18 Uhr | Place Nationale | Eintritt 3 Euro | www.peynet.com*

MUSÉE PICASSO ★ (145 E3)

Wo die Geschichte von Antibes begann, sind heute 245 Werke von Pablo Picasso ausgestellt. Viele blickten schon von dieser Stelle aus aufs Meer: Griechen und Römer von ihren Siedlungen, Bischöfe aus ihrer Residenz, ab 1385 die monegassischen Grimaldis aus ihrem Schloss. Dann, ab dem Jahr 1925, Besucher aus den Fenstern des Musée Grimaldi. 1946 kam Picasso nach Antibes und überließ dem Museum 67 seiner Werke. Ein bisschen irreführend ist der heutige Name „Musée Picasso", denn neben den Werken des spanischen Künstlers sind in dem Museum auch andere bedeutende Künstler des 20. Jhs. vertreten. *Di–So, 16. Sept.–14. Juni 10–12 u. 14–17.30 Uhr, 15. Juni–15. Sept. 10–17.30 Uhr (Juli/Aug. Mi u. Fr bis 19.30 Uhr) | Château Grimaldi | Eintritt 6 Euro*

PORT VAUBAN ★ (145 D1–2)

Mit über 2000 Liegeplätzen ist der Port Vauban größter Yachthafen Europas. Benannt nach dem Festungsbaumeister Sébastien le Prestre de Vauban nimmt der Hafen Schiffe von über 50 m Länge auf. Berühmt ist der *Quai des Milliardaires,* wo unter anderem „Delma" und „Moonlight II", zwei der weltweit teuersten privaten Charteryachten, sowie die „Kingdom KR5" (alias „Flying Saucer" aus dem James-Bond-Film „Sag niemals nie") liegen. Auch die derzeit weltweit zweitlängste Yacht „Eclipse" (163 m) von Roman Abramovich liegt hier regelmäßig vor Anker. Schön ist der Blick auf den Hafen von der *Bastion Saint-Jaume* aus. Hier steht auch die 8 m hohe Buchstaben-Skulptur „Nomade" des spanischen Künstlers Jaume Plensa.

ESSEN & TRINKEN

LE BROC EN BOUCHE (145 E2)

Bistro, Weinbar und Trödelmarkt in einem: Urig ist es bei Flo und Fred in der

MARCO POLO HIGHLIGHTS

★ Altstadt
Nicht nur auf dem Markt duftet es nach Oliven, Orangen, Melonen und Kräutern → S. 99

★ Cap d'Antibes
Früher ein Pinienwald, heute ein Nobelviertel → S. 100

★ Port Vauban
Yachten der Superlative in Europas größtem Yachthafen → S. 101

★ Musée Picasso
Pablo Picasso im Schloss der Grimaldis → S. 101

Altstadt. Die Gerichte der gepflegten À-la-carte-Küche sind von der Wandtafel auszusuchen. *Di abends u. Mi geschl. (Juli/Aug. tgl.) | 8, Rue des Palmiers | Tel. 04 93 34 75 60 |* €€

INSIDER TIPP **LA CAFETIÈRE FÊLÉE** (145 D3)
Französisch-asiatische Fusionsküche ist die Spezialität von Julien Fiengo. Der Küchenchef kreuzt asiatische Rezepte mit lokalen Zutaten. Das Ergebnis: ungewöhnliche Gerichte mit Überraschungseffekt. *So/Mo geschl. | 18, Rue du Marc | Tel. 04 93 34 51 86 | www.lacafetierefelee.com |* €€–€€€

INSIDER TIPP **CHEZ LULU** (145 E3)
Bierbankatmosphäre gehört nicht in die französische Restaurantkultur. Anders chez Lulu – lange Tische, Mobiliar und Geschirr bunt gemischt im Trödelmarktstil, Brot schneidet man sich ab, und die Vorspeisen werden auf Tellern und in Töpfen in der Tischmitte angerichtet. Es gibt nur ein Hauptgericht im Menü – besser vorher schauen, ob's passt! *Di–So ab 19 Uhr | 5, Rue Frédéric Isnard | Tel. 04 89 89 08 92 |* €€ *| Menü 29,50 Euro*

LOW BUDG€T

Bar und Museum in einem – ohne Eintritt. In der *Absinthe Bar* **(145 E3)** *(tgl. 9–23 Uhr | 25, Cours Masséna)* regiert die „grüne Fee". Einzigartig!

Günstiger als alle Menüs sind die ofenfrischen Bagels in der *Copenhagen Coffee Lounge & Bagels* **(141 E2)** *(tgl. 19–23 Uhr | 8, Rue Thuret)*. Auch zum Mitnehmen.

Frei ist der Eintritt in den *Jardin botanique de la Villa Thuret* **(148 B5)** ***(Ⓜ C4)*** *(Mo–Fr 8–18 Uhr (Sommer), 8.30–17.30 Uhr (Winter) | 90, Chemin Raymond | Cap d'Antibes | www.sophia.inra.fr/jardin_thuret)* des Gustave Thuret, der 1857 diesen Garten zur Erforschung mediterraner Baum- und Straucharten anlegte.

CRÊPERIE DU PORT (145 D–E2)
Zur Auswahl stehen 76 Crêpes von salzig bis süß. Der Klassiker mit Zucker ist genauso dabei wie der „Après huit" („Nach acht") mit Schokolade, Minzeis und Sahne oder die herzhaften Varianten aus Buchweizenmehl *(galettes)* z. B. mit Käse oder Thunfisch. *Tgl. ab 19 Uhr (im Winter Mo/Di geschl.) | 22, Rue Thuret | Tel. 04 93 34 56 12 |* €–€€

LE FIGUIER DE SAINT-ESPRIT (145 E3)
In der Altstadt liegt das Restaurant von Sternekoch Christian Morisset. Gäste haben die Wahl zwischen zwei Menüs (75/115 Euro) oder Gerichten à la carte. Berühmt ist Morisset für seine Tintenfisch-Cannelloni, sein Kaninchen *(lapin)* und seine Scampi. *Mo u. Mi mittags, Di (im Winter Di/Mi) geschl. | 14, Rue Saint-Esprit | Tel. 04 93 34 50 12 | www.restaurant-figuier-saint-esprit.com |* €€€

PANE E VINO (145 D4)
Italien ist nicht weit, und so finden sich auch in Antibes italienische Oasen. Wie das kleine Restaurant „Brot und Wein" einen kurzen Spaziergang am Meer entlang von der Altstadt entfernt. Spezialität sind Pastagerichte aller Art. *So abends u. Mo geschl. | 2, Blvd. Maréchal Leclerc | Tel. 04 93 34 00 21 | www.panevino.fr |* €–€€

ROYAL BEACH (145 D4)
Essen direkt am Meer? In Juan les Pins reiht sich ein Strandrestaurant ans an-

dere. In Antibes gibt es nur das Royal Beach, das direkt am Wasser liegt. Ob Lunch oder Dinner, Fisch, Meeresfrüchte oder Pasta – Meerblick und Côte-d'Azur-Feeling sind garantiert. *April–Sept. tgl. 12–15.30 u. 19–23 Uhr | 16, Blvd. du Général Maréchal Leclerc | Tel. 04 93 67 14 06 | www.hotelroyal-antibes.com | €€€*

L'Etable Fromagerie: Hier im Süden sind meist Schaf und Ziege Lieferanten köstlichen Käses

LE SAFRANIER (145 D–E3)

Ein schattiger Platz, ruhig und mitten in der Altstadt, aber doch abseits der ausgetretenen Pfade. Provenzalische Küche, wechselnde Tageskarte, sehr gute Fischgerichte und ein Mittagsmenü für 16 Euro (außer am Wochenende). *Tgl. | 1, Place du Safranier | Tel. 04 93 34 80 50 | www.lesafranier.com | €–€€*

EINKAUFEN

In den Gassen der Altstadt liegt der Duft von Oliven, Kräutern, Orangen und Zitronen. Ihr ● *Marché Provençal* (145 E3) *(Juni–Sept. tgl., Okt.–Mai Di–So 6–13 Uhr | Cours Masséna)* ist ein Paradies für Gourmets und diejenigen, die einfach nur die Gerüche des Südens genießen wollen. Schön ist der Bummel durch die *Rue James-Close* (145 D3) mit ihren kleinen Läden und Galerien.

L'EMPEREUR (145 E3)

Die Regale von Christophe Verrier sind gefüllt mit *foie gras,* feinen Tapenaden, Entenbrust und Trüffel. Dazu hat er auch den passenden Wein parat. Ein Feinschmeckerparadies vom Allerfeinsten. *Tgl. | 7, Cours Masséna | www.foie-gras-empereur.fr*

L'ETABLE FROMAGERIE (145 E3)

Für Käseliebhaber ist es unmöglich, an dieser Fromagerie vorbeizuschlendern, ohne einzutreten. Ob aus Ziegen- *(chèvre)*, Schaf- *(brebis)* oder Kuhmilch *(vache)* ob jung oder reif, ob frisch oder würzig – die Auswahl ist groß, und das unverzichtbare Baguette dazu gibt es in der Bäckerei schräg gegenüber. *So nur morgens | 1, Rue Sade*

FABRIQUE DE SAVONS DE TOILETTE ET PARFUMS (145 D3)

Ein Ort der feinen Düfte: Aus dem kleinen Dorf Gourdon unweit der Küste kommen die Seifen, die in diesem kleinen Altstadtladen verkauft werden. *Tgl. | 41, Rue James-Close*

OLIVIERS & CO (145 E3)

Die ganze Welt des Olivenöls von Knabbereien, Olivenschälchen bis hin zum Öl in allen Variationen gibt es bei Oliviers & Co. Oder wie wäre es einmal mit einem Balsamico-Essig mit Feigennote? *So nur morgens offen | 13, Rue Sade*

SAINT-JAMES (145 E2)

Passend zur Yacht-Atmosphäre am Hafen gibt es in der Rue Aubernon die nötige – oder auch nur gut aussehende – Strand- und Segelausstattung. Zum Beispiel Klamotten und *die* Schuhe für Segler und Nicht-Segler: „Docksides" von Sebago. *So geschl. | 25, Rue Aubernon*

STRÄNDE

Nur einen Schritt aus der Altstadt heraus, westlich vom Hafen Vauban, liegt der kleine Sandstrand *Plage de la Gravette*. Verlassen Sie die Altstadt in Richtung Cap d'Antibes, kommen Sie an den Stränden *Plage du Ponteil* und ● *Plage de la Salis* vorbei.

Das ausgelassene Strandleben spielt sich in *Juan-les-Pins* (148 B5) (*🗺 C4*) ab: breite Sandstrände, Bars und Restaurants, Promenaden und Eisdielen. Keine versteckten, idyllischen Buchten, sondern Beachlife pur!

FREIZEIT & SPORT

Einen exklusiven Strandtag können Sie sich an der *plage privée* des *Cap d'Antibes Beach Hotels* (148 B6) (*🗺 C5*) (*10, Blvd. Maréchal Juin | www.ca-beachhotel.com*) am Cap d'Antibes gönnen. Mit Massa-

Fitnessübungen zu Füßen der Festung an der Plage de la Gravette

gen, einem Strandspielplatz für die Kleinen und einem Top-Restaurant.
Verlockend ist beim Anblick des Meeres eine Spritztour über die Wellen: Ab 90 Euro für den halben Tag bietet *Antibes Bateaux Services (Mobil 06 15 75 44 36 | www.antibes-bateaux.com)* Motorboote zum Verleih an. Start ab Port Vauban (145 D1–2); auch ohne Bootsführerschein!
Lust auf INSIDER TIPP Yoga am Strand? Im Sommer verlegt Michelle Timmins ihre Yogaklasse (auf Englisch) nach draußen – Durchreisende sind beim *Sohum Yoga Studio (1, Rue Paul Bourgarel | Mobil 06 75 84 98 13 | www.sohum-yoga.com)* herzlich willkommen!

AM ABEND

In Partystimmung? In Antibes überhaupt kein Problem. Los geht's im „Pub-Dreieck" um die Straßen *Boulevard d'Aguillon* und *Rue Aubernon*. Auf dem Boulevard d'Aguillon, der sich an der Stadtmauer hinter dem Port Vauban entlangzieht, reiht sich eine Bar an die andere. Bei gutem Wetter eine tolle Stimmung, wenn sich der Boulevard in eine einzige Freiluftbar verwandelt!
Das Theater *Anthéa (www.anthea-antibes.fr)* hat zur Saison 2013/14 seine Tore geöffnet. Theater, Opern, Tanz und Ballett – ein breit angelegtes Programm für Kulturinteressierte.
Die größte Diskothek der Côte d'Azur ist das *La Siesta* (148 B5) *(🕮 C4) (2000, Route du bord de mer | Tel. 04 93 33 31 31 | www.joa-casino.com)* an der Küstenstraße zwischen Antibes und Villeneuve-Loubet – Restaurant, Kasino und Diskolounge in einem.
Die Partymeile von Antibes ist der Stadtteil *Juan-les-Pins*. Das ist zwar einmal quer über das Cap, dafür gibt es aber jede Menge Bars und Clubs.

ÜBERNACHTEN

LA BASTIDE DU BOSQUET (145 D5)

Die Eigentümer Christian und Sylvie Aussel haben den leicht veralteten Charme ihres Hauses bewahrt. Vier großzügige, komfortable Zimmer mit Blick auf einen kunstvoll angelegten Garten. Schon der Romancier Guy de Maupassant hat sich in diesem Gemäuer wohlgefühlt. Das Haus ist seit sechs Generationen im Familienbesitz und nur fünf Minuten vom Strand entfernt auf dem noblen Cap d'Antibes ideal gelegen. *14, Chemin des Sables | Mobil 06 51 76 72 73 | www.lebosquet06.com* | €€€

LA JABOTTE (145 E5)

Individuell und sehr liebevoll eingerichtet. Alle Zimmer gehen zum Garten hinaus, Frühstück gibt es auf der Terrasse, die umgeben ist von Oliven-, Zitronen- und Orangenbäumen. Der Strand und die Altstadt sind nicht weit. (Kinder erst ab 10 Jahren). *10 Zi. | 13, Av. Max Maurey | Tel. 04 93 61 45 89 | www.jabotte.com* | €€€

LA PLACE (145 D3)

Ein Hotel in modernem Design ohne provenzalische Schnörkel hat man in Antibes lange vermisst. Nun ist endlich eines da: zentral am Rand der Altstadt mit eigener Brasserie für ein kleines Frühstück und den Absacker am Abend. *14 Zi. | 1, Av. du 24 août | Tel. 04 97 21 03 11 | www.la-place-hotel.com* | €€

LE RELAIS DU POSTILLON (145 D3)

In einem Altstadthaus zentral gelegen. Einfache, saubere Zimmer. Vorne raus haben Sie einen Blick über einen grünen Platz, hinten raus gibt es sogar Zimmer mit eigener kleiner Terrasse. *16 Zi. | 8, Rue Championnet | Tel. 04 93 34 20 77 | www.relaisdupostillon.com* | €–€€

CANNES

(148 A5–6) (🗺 B4–5) **Cannes – Hauptstadt des Glamours und des Films, der Yachten und der Stars. Aber die Stadt (74 500 Ew.) ist mehr als das. Vor allem eine Stadt mit Geschichte: Erstmals erwähnt 1030, war Cannes über Jahrhunderte ein isoliert liegendes Dorf, dessen Bewohner, Bauern und Fischer, unter ärmlichsten Bedingungen lebten.**

Cannes' Aufstieg begann erst 1834, als der Engländer Lord Brougham zufällig hier Halt machte, sich in den Ort verliebte und blieb. Ihm folgten Adlige, Prinzen und Könige aus England und Russland auf der Suche nach einem Winterdomizil im milden Süden. Und so entwickelte sich Cannes in wenigen Jahrzehnten vom Fischerdorf zum mondänen, weithin bekannten Städtchen. Der Erfolg der Internationalen Filmfestspiele tat ein Jahrhundert später ein Übriges, um Cannes ins Rampenlicht der Welt zu rücken und zum sommerlichen Treffpunkt der Reichen und Schönen zu machen.

Cannes hat zwei Gesichter: Während der Festspiele, Messen und im Sommer, wenn die Privatyachten anlegen, gibt es sich mondän; im Winter ist es beschaulich und gediegen, ein wohlhabendes, älteres Publikum flaniert über die Promenade. Und abseits der Croisette? Nur wenige Schritte von der Prachtpromenade entfernt spielt sich der normale Alltag ab: Die Fischer laufen mit ihrem Fang in den Hafen ein, Zeitung und Baguette unter dem Arm treffen sich Einheimische zum Aperitif in der Bar, auf den Märkten wird gehandelt und getratscht.

 Bild: Privatstrand des Hôtel Martinez

Cannes hat viele Gesichter: von lebendigen Stränden und Märkten bis hin zu einer ruhigen Klosterinsel

WOHIN ZUERST?

Zuerst geht es auf die **Croisette**: Meer, Palmen, Strandbars und die berühmte Treppe der Filmfestspiele **(142 B–C3)**. Parallel zur Flaniermeile liegt die Geschäftsstraße Rue d'Antibes, in deren Seitenstraßen viele Cafés. Der Bahnhof ist nur wenige Gehminuten von hier entfernt. Parkplätze gibt es in den Straßen hinter dem Hotel Carlton.

SEHENSWERTES

BOULEVARD DE LA CROISETTE ★

(142–143 C–F 3–6)

Was für Nizza die Promenade des Anglais, ist für Cannes die Croisette. Die Flaniermeile schlechthin! Palmen auf der einen, Sandstrand auf der anderen Seite und dazwischen die Promenade. Berühmt sind die blauen Stühle, die dort kreuz und quer stehen und für eine kleine Pause heiß begehrt sind. Hotelpaläste wie das Carlton, das Majestic und das

Martinez prägen das Bild der weltbekannten Glamourmeile. An einem Ende der Croisette liegt das *Palm Beach Casino*, am anderen das Festivalgebäude. Und wenn vor dem Filmpalast alle suchend zu Boden blicken, sind Sie richtig an der *Allée des Etoiles*. Über 200 Stars haben hier ihre Hände in Betonplatten gedrückt und diese signiert.

richtet sind! Wenn zu den Filmfestspielen der rote Teppich ausgerollt, die Hotelfassaden verkleidet, der Strand in eine Partymeile verwandelt wird, ist Cannes im Ausnahmezustand. Alle drängen sich um den Filmpalast, um einen kurzen Blick auf die Stars zu werfen. Das Gebäude, ein Betonklotz, der von den Einheimischen „Le bunker" genannt wird,

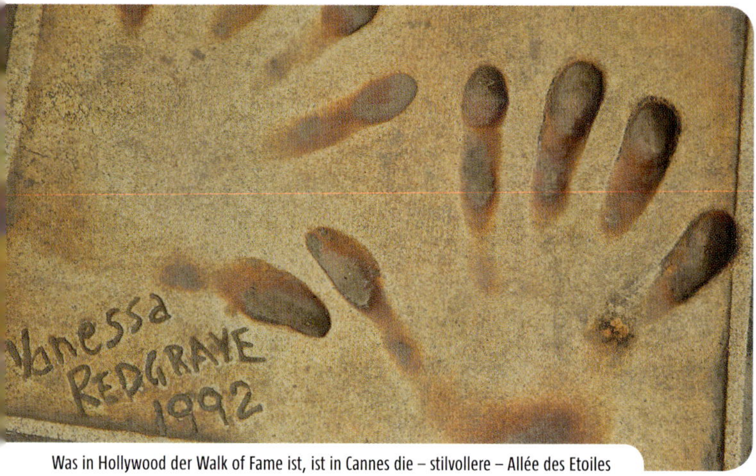

Was in Hollywood der Walk of Fame ist, ist in Cannes die – stilvollere – Allée des Etoiles

LA MALMAISON (143 D3)

Es fällt auf, das weiße, feudale Herrenhaus mit dem großen Vorplatz direkt an der Croisette. Früher Spiel- und Teesalon des benachbarten Grand Hôtel, ist das La Malmaison heute ein kleines Museum für zeitgenössische Kunst. Jährlich gibt es drei verschiedene Ausstellungen nationaler und internationaler Künstler des 20. und 21. Jhs. *Sept.–April Di–So 10–13 u. 14–18, Juli/Aug. Di–So 11–20 Uhr | 47, Blvd. de la Croisette | Eintritt 7 Euro*

PALAIS DES FESTIVALS ET DES CONGRÈS ★ (142 B–C3)

Das ist sie also: die Treppe, auf die im Mai die Kameras der ganzen Welt gewurde 1982 eingeweiht. Das erste Filmfestgebäude stand dort, wo heute das JW-Marriott-Hotel steht. Dem Erfolg der Filmfestspiele und der wachsenden Zahl an Messen und Kongressen fiel leider das schöne historische Spielkasino zum Opfer, an dessen Stelle das Palais des Festivals et des Congrès gebaut wurde. Wenn nicht gerade der rote Teppich ausgerollt ist, finden hier Messen und Veranstaltungen statt. *www.palaisdesfestivals.com | www.festival-cannes.fr*

Cannes hat sich übrigens eine besondere Hommage an das Kino ausgedacht: ● 15 imposante Fresken auf Häuserfassaden zieren die Stadt: Führungen unter *www.cannes-destination.com*.

LE SUQUET (142 A3)
Enge Gassen winden sich den *Mont Chevalier* hinauf: Das ist Le Suquet, das historische Zentrum von Cannes. Vorbei an jeder Menge Restaurants geht es bis hoch hinauf zur *Chapelle Sainte-Anne* und zum mittelalterlichen Schloss, in dem das historische *Musée de la Castre (Sept.–Juni Di–So 10–13 u. 14–17 Uhr, Juli/Aug. 10–19 Uhr | Eintritt 6 Euro)* mit antiken und mittelalterlichen Ausgrabungsgegenständen untergebracht ist. Scheuen Sie nicht die 109 Stufen auf den INSIDER TIPP Turm! Auch von einer schattigen Terrasse aus haben Sie einen herrlichen Ausblick über die Croisette, die Bucht und die Îles de Lérins. Dafür lohnt sich die halbe Stunde Fußweg.

ESSEN & TRINKEN

L'AFFABLE (143 D3)
Provenzalische Küche in modernem Ambiente – ob Kürbissuppe mit *foie gras*, Artischockensalat mit Parmesan, Lammtopf oder Seewolf. Wofür immer noch Platz sein sollte, ist das *soufflé au Grand Manier! Sa mittags u. So geschl. | 5, Rue Lafontaine | Tel. 04 93 68 02 09 | www.restaurant-laffable.fr | €€–€€€ | Mittagsmenü 27 Euro*

ASTOUX ET BRUN (142 B3)
Das Restaurant mit dem einfachen Interieur ist der Klassiker, wenn es ums Austernschlürfen und Crevettenpulen geht. *Tgl. | 27, Rue Félix Faure/Ecke Rue Louis Blanc | Tel. 04 93 39 21 87 | www.astouxbrun.com | €€*

BIJOU PLAGE (143 E5–6)
Ein Spaziergang einmal die gesamte Croisette entlang endet im Restaurant Bijou Plage. Meeresfrüchte und Fischspezialitäten direkt am Strand. Und danach? Eine Siesta auf einer Liege am dazugehörigen Privatstrand oder auf einem Badetuch am angrenzenden schönen Sandstrand. *Tgl. 8–18 Uhr | Blvd. de la Croisette | Tel. 04 93 43 70 55 | www.bijouplagecannes.com | €€–€€€*

LE BISTROT GOURMAND (142 A3)
Einen Katzensprung vom Marché Forville entfernt liegt dieses Bistrot. Ob *foie gras*, Ravioli mit Trüffelcreme, Dorade oder *magret de canard* (Entenbrust) mit Ingwersauce – hier geht es französisch zu, und das in bester Bistrotatmosphäre. *So abends u. Mo geschl. | 10, Rue du Docteur P. Gazagnaire | Tel. 04 81 69 02 36 | www.bistrotgourmandcannes.com | €€*

AUX BONS ENFANTS (142 B3)
Kalbsbraten mit Oliven, Artischockenterrine, gebratene Sardinen. Bei Luc Giorsetti sind Sie genau an der richtigen Adresse, wenn Sie in familiärer Atmosphäre gute regionale Küche kosten möchten. *So/Mo geschl. | 80, Rue Meynadier | kein Tel. | www.aux-bons-enfants.com | €*

INSIDER TIPP LA BROUETTE DE GRAND-MÈRE (143 D3)
Urgemütliches Restaurant mit einer Besonderheit: Es gibt nur ein Menü inkl. Champagner und Wein! Unbedingt reser-

MARCO POLO HIGHLIGHTS

★ **Boulevard de la Croisette**
Auf der Flaniermeile nach dem Jetset spähen und ein wenig Glamour schnuppern
→ S. 107

★ **Palais des Festivals et des Congrès**
Betonbunker mit weltberühmtem rotem Teppich – ein Muss! → S. 108

vieren. *Tgl. ab 19 Uhr, So auch 12–14 Uhr | 9, Rue d'Oran | Tel. 04 93 39 12 10 | www.labrouettedegrandmere.fr | €€*

LE COMPTOIR DES VINS (143 D2)
Das Weinbistro von Fabrice Toubin – Wein kaufen, Wein trinken und dazu eine *foie gras* genießen. Kleine wechselnde Karte mit Spezialitäten des Küchenchefs. *Sa mittags u. So geschl. | 13, Blvd. de la République | Tel. 04 93 68 13 26 | www.lecomptoirdesvins-cannes.com | €*

LA PALME D'OR (143 D3)
Die „Goldene Palme" ist nicht nur der höchste Preis der Filmfestspiele, sondern gilt auch als eines der besten Restaurants der blauen Küste. Für die innovative Küche ist Chefkoch Christian Sinicropi verantwortlich, Kinodekor und Blick auf die Bucht verleihen ihr den glamourösen Rahmen. *Jan./Feb. u. So/Mo geschl. | 73, Blvd. de la Croisette | Tel. 04 92 98 74 14 | www.hotel-martinez.com | €€€ | Menü 79–180 Euro*

INSIDER TIPP **LE TUBE** (142 C4)
Frischer Wind und Großstadtflair in Cannes' Restaurantlandschaft. „Bistronomie" heißt das neue Konzept – modern, trendig und im Industrielook zaubert das Team französische Küche mit Pepp. *So geschl. | 10, Rue Florian | Tel. 04 93 68 51 69 | www.le-tube.com | €€*

INSIDER TIPP **VEGALUNA** (143 D3)
Café und Restaurant direkt am Strand. Herrliches Ambiente, gutes Essen und sehr kinderfreundlich mit kleinem Spielplatz im Sand. Keine Menüs, nur à la carte. Die *tarte aux pommes* ist ein Genuss! *Tgl. 10–17 Uhr (je nach Wetterlage), Juli/Aug. auch abends | Blvd. de la Croisette | gegenüber vom Hotel Carlton | Tel. 04 93 43 67 05 | www.vegaluna.com | €€*

EINKAUFEN

Von Zara bis Dior – Cannes ist ein Shoppingparadies und hält für jeden Geldbeutel etwas bereit. Am *Boulevard de*

Badeleben in der Stadt: An jedem Ende der Croisette liegt ein frei zugänglicher Strand

la Croisette gehen die Schaufenster der Edeldesigner ineinander über; die *Rue d'Antibes* (142–143 B–D3) ist eine Geschäftsmeile mit Boutiquen aller Art. In den vielen Seitenstraßen der Rue d'Antibes stoßen Sie immer wieder auf unbekannte, originelle kleine Läden.

L'ATELIER JEAN LUC PELÉ (142 C2)

Da in Frankreich niemand um Schokolade herumkommt: Hier gibt es in Handarbeit gefertigte Pralinen der Extraklasse. Ein Hingucker und besondere Spezialität aus Mandeln, Puderzucker und Eiweiß sind aber die bunten *macarons* (Mandelbaisers) in allen nur denkbaren Geschmäckern. Himbeere, Feige, Tiramisu, Lavendel ... Unbedingt probieren! *Tgl. | 42, Rue d'Antibes | www.jeanlucpele.com*. Filiale: *36, Rue Meynadier* (142 B2)

ERNEST (142 B3)

Der bekannteste Feinkosthändler der Stadt ist das Familienunternehmen Ernest mit seinen Läden und Konditoreien. Die Zutaten für seine Spezialitäten kauft Michel Ernest auf dem Marché Forville um die Ecke. Sein *Restaurant sur la pouce* („Restaurant auf die Hand") eignet sich für eine Stärkung unterwegs. *So geschl. | 52, Rue Meynadier | www.ernest-traiteur.fr*. Eigene *Pâtisserie (53, Rue Meynadier)*.

INSIDER TIPP MARCHÉ FORVILLE (142 A3)

Ein Bummel über den Marché Forville ist ein Muss! Orangen, Tomaten, Kräuter – im Mittelgang bieten die Bauern der Region ihre Waren an. Wer eine Pause einlegen will, ist in einer der umliegenden Bars und Cafés genau richtig. *Di–So | Rue du Marché Forville*

LA PORCELAINE BLANCHE (143 D2)

Weißes Porzellan in allen Varianten: von Tellern, Butterdosen und Schalen über Tarteformen bis zum speziellen Muschelteller. Schlicht und mit allem kombinierbar. *So u. mittags geschl. | 18, Rue Lecerf*

VILEBREQUIN (142 C3)

Schicke Badehosen von der Côte d'Azur gibt es bei Vilebrequin. Die haben allerdings auch ihren Preis. Unifarben gibt es sie im Haus Nr. 37, bedruckt in der Nr. 77. Der absolute Hit sind die Partnerlook-Badehosen für Vater und Sohn (ab 2 Jahren). *So u. mittags geschl. | 37, Rue d'Antibes*

STRÄNDE

Einkaufstaschen in der einen, Badehandtuch in der anderen Hand: Stadt- und Strandleben liegen in Cannes unmittelbar nebeneinander. Cannes verfügt über eine große Anzahl von Stränden, die an die Strandrestaurants angeschlossen sind. Dort werden tageweise Liegen und Sonnenschirme vermietet (15–24 Euro). Pluspunkt: Umkleidekabinen und Service mit Getränken und Speisen direkt am „Liegeplatz".

An beiden Enden der Croisette liegen die frei zugänglichen Strände, die ebenfalls alle mit Duschen ausgestattet sind. Besonders schön ist die INSIDER TIPP *Bijou Plage* (143 E5–6) am äußersten Zipfel der Croisette, kurz vor dem Palm Beach Casino. An den alten Hafen am *Quai Saint-Pierre* (142 B4–5) schließt sich ein kilometerlanger Sandstrand bis Mandelieu-La Napoule an.

AM ABEND

In Cannes sind die Nächte lang! Im berühmten *Croisette Casino (Palais des Festivals | www.lucienbarriere.com)*, im *Casino Palm Beach (Pointe Croisette | www.lepalmbeach.com)* oder im *Casino Barrière Les Princes (50, Blvd. de la Croisette |*

www.lucienbarriere.com) können Sie zocken. Und nicht weit davon, rund um die Rue Docteur Monod (142 C3), liegt das Zentrum der Pubs und Bars. *B. Pub (22, Rue Marcé)* oder *Morrison's Irish Pub (10, Rue Teisseire)* – die Auswahl ist groß: Loungen Sie nach Herzenslust.

Glamourös und ganz im Cannes-Chic geht es in den Clubs weiter: Angesagt ist das *Le Bâoli* (143 E5) *(Port Pierre Canto | www.lebaoli.com)*, Restaurant, Lounge-Bar und Club in einem, das *Les Marches (www.lesmarches-club.com)* im Palais des Festivals mit Dachterrasse und Ausblick auf Altstadt und Hafen oder die *Bar 4 U (6, Rue des Frères Pradignac):* Party bis zum Morgengrauen.

Ein buntes Programm für Kulturinteressierte bietet die Veranstaltungsreihe „Made in Cannes" *(www.madeincannes.com)* im Palais des Festivals: Theater, Musik, Tanz und Kleinkunst. Jung, innovativ und modern! *Info und Vorverkauf: La Malmaison (47, Blvd. de la Croisette)*

LOW BUDG€T

Crêpes gibt's in Cannes bei Marie. Die herzhafte Variante heißt Galettes – ein gutes, schnelles und günstiges Mittagessen. *La Galette de Marie* **(142 B3)** *(Mo–Sa, Juli/Aug. auch So abends | 9, Rue Bivouac-Napoléon)*

Für die Pizza zwischendurch auf zum *L'Avion* **(142 B3)** *(tgl. | 4, Rue Jean de Riouffe):* zentral gelegen, viele Stammkunden, gute Pizza und eine große Auswahl an weiteren Gerichten zu vernünftigen Preisen.

Strandtag: Ein preiswertes Mittelding zwischen dem mitgebrachten Handtuch und der teuren Mietliege sind Liegestühle, die man für 3,80 Euro halb- bzw. 6,80 Euro ganztags mieten kann. *Plage Zamenhoff (Blvd. de la Croisette)*

ÜBERNACHTEN

LE CHANTECLAIR (142 A3)

Wenige Schritte vom Marché Forville – zentraler wohnt man zu diesem Preis in Cannes kaum. Ruhig in einem Hinterhaus liegt das Hotel von Pierre und Liana Dalbigot. *15 Zi. | 12, Rue Forville | Tel. 04 93 39 68 88 | www.hotelchanteclair.com* | €

HÔTEL DE PROVENCE (143 D3)

Kleines Hotel im provenzalischen Stil. Schöner, schattiger Vorgarten für den Kaffee am Morgen. Das Hotel liegt zentral zwischen Croisette und Rue d'Antibes. *30 Zi. | 9, Rue Moliére | Tel. 04 93 38 44 35 | www.hotel-de-provence.com* | €€

INTERCONTINENTAL CARLTON (143 D3)

Das Carlton: Hotellegende an der Croisette. Seit bald hundert Jahren empfängt das weltbekannte Hotel seine Gäste. Hier verliebten sich Frances (Grace Kelly) und John (Cary Grant) im Hitchcock-Klassiker „Über den Dächern von Nizza". Ein prachtvoller Belle-Époque-Bau, der die Croisette beherrscht. *338 Zi. u. Suiten | 58, Blvd. de la Croisette | Tel. 04 93 06 40 06 | www.ichotelsgroup.com* | €€€ | *480– 4800 Euro*

INSIDER TIPP LE MISTRAL (142 C3)

Familiäres Hotel im Herzen von Cannes, eine Minute von der Croisette. Perfekt für alle, die eine zentrale Lage, modernes Design und zuvorkommenden Service suchen. Die Zimmer im vierten Stock haben Meerblick. Kein Aufzug. *10 Zi. |*

Die Rezeption zeigt es: Das Hotel Le 3,14 steht im Zeichen der Harmonie und der Kreiszahl Pi

13, Rue des Belges | Tel. 04 93 39 91 46 | www.mistral-hotel.com | €€

HOTEL 7 ART (142 B3)
Noémi und Cédric Dewavrin betreiben ihr kleines Boutiquehotel im Zentrum von Cannes. Moderne, saubere Zimmer, Topservice und leicht zu finden: Die Fassade ist mit einem Kinoeingang bemalt, darauf Plakate und Schauspieler, die die Jahrzehnte des Filmfestivals repräsentieren. *10 Zi. | 23, Rue du Maréchal Joffre | Tel. 04 93 68 66 66 | www.7arthotel.com |* €€

3,14 (143 D3)
In Asien einschlafen? Sich in afrikanische Kissen betten? Das etwas andere Hotel: Die Zimmer und Suiten sind im Stil der fünf Kontinente eingerichtet. Feng Shui, herrliche Dachterrasse mit Pool – ein Ort zum Wohlfühlen mit allem Komfort. *96 Zi. u. Suiten | 5, Rue François Einesy | Tel. 04 92 99 72 00 | www.314cannes.com |* €€€

ZIEL IN DER UMGEBUNG

ÎLES DE LÉRINS (148 A–B6) *(🕮 B–C5)*
Nur 20 Minuten Bootsfahrt vom Trubel der Stadt entfernt liegen die beiden Inseln *Île Ste-Marguerite* und *Île St-Honorat*. Die Klosterinsel St-Honorat wird noch heute von Franziskanermönchen bewohnt. Was für ein idyllisches Plätzchen sie sich ausgesucht haben! Spazieren Sie über die Insel, nehmen Sie ein Bad im Meer, und besichtigen Sie dann die Klosterkirche und den Klosterladen. Wie wäre es mit einem Fläschchen Wein, von den Mönchen gekeltert *(www.abbayedelerins.com)?* Die größere Île Ste-Marguerite ist unbewohnt und ebenso gut für einen Spaziergang geeignet und für den Besuch des *Musée de la Mer (Okt.–Mai Di–So 10.30–13.15 u. 14.15–17.45, Juni–Sept. tgl. 10–17.45 Uhr | Eintritt 6 Euro)*, zum Picknicken und zum Baden in Felsbuchten. *Stdl. Abfahrten am Quai Laubeuf, gegenüber vom Hotel Sofitel | Hin- und Rückfahrt 14 Euro*

MONACO

(149 E–F 2–3) (🗺 F2) **Dort wo sich heute das Kasino und das Hôtel de Paris befinden, gab es vor 150 Jahren lediglich moosbedeckte Steine, Orangenbäume und Pinienwälder. Idylle pur, aber ohne jede wirtschaftliche und gesellschaftliche Perspektive. Am Willen der Vorfahren von Fürst Albert II. mangelte es dabei nicht. Ihre Idee: ein Spielkasino. Die waren 1850 in Frankreich verboten. Eine Marktlücke, die Monaco füllen wollte.**

Allerdings war es zu dieser Zeit eine wahre Herausforderung, die Stadt zu erreichen. Von Nizza aus gab es die Wahl zwischen einer vierstündigen Fahrt mit der Pferdekutsche oder einer zweistündigen Schiffsfahrt. Kein Wunder, dass selbst eingefleischte Spieler zögerten. Derjenige, der die Situation retten sollte, hieß François Blanc: Der Franzose leitete mit großem Erfolg das Bad Homburger Spielkasino. Er gründete die heute noch erfolgreiche Société des Bains de Mer (SBM) und verlängerte die Eisenbahnstrecke von Cagnes-sur-Mer bis nach Monaco. So begann der Aufstieg des Fürstentums: In wenigen Jahren wurden über hundert Villen sowie zwanzig Hotels gebaut. Monaco (34 700 Ew.) wurde zum Inbegriff von Luxus und ist heute eines der gefragtesten Ziele an der Côte d'Azur. Es besteht aus den Vierteln Monaco-Ville mit der Altstadt und dem Fürstenpalast, Monte Carlo mit Kasino, Grandhotels und Stränden, La Condamine dazwischen und dem Viertel Fontvieille, dessen Terrain durch Erdaufschüttung ins Meer gewonnen wurde.

 Bild: Le Rocher und Yachthafen

Felsen für Millionäre: Das kleine Fürstentum hat aber auch für Normalbürger eine Menge an Attraktionen zu bieten

WOHIN ZUERST?

Beginnen Sie Ihre Besichtigung im Herzen von Monte Carlo, am **Casino (147 D3)**. Vom Bahnhof ist es nicht weit bis zur Place du Casino. Wählen Sie dann die Avenue d'Ostende und gehen dort, wo die Formel-1-Wagen fahren. Das nächstgelegene Parkhaus ist „Casino". Von hier geht es zu Fuß, per Bus oder Boot nach Monaco-Ville.

SEHENSWERTES

CASINO DE MONTE CARLO ★
(147 D3)

Sie haben das Kasino vielleicht noch nie „live" gesehen, aber es kommt in so vielen Kinofilmen vor, dass seine Silhouette eigentlich niemandem unbekannt ist. 1878 wurde es von Charles Garnier, dem Architekten der Pariser Oper, entworfen. Die verschwenderisch eingerichteten Säle des Belle-Époque-Baus sind jedem zugänglich. Die Terrasse des

Kasinos, eine kleine Palmenoase, überragt das Meer und gewährt den schönsten Ausblick von Monaco bis zur italienischen Riviera.
Im selben Gebäude befindet sich die Oper, einst die Bühne des Ensembles „Ballets Russes" von Sergej Diaghilev, dessen Aufführungen Anfang des 20. Jhs. durch ihren avantgardistischen Stil oft für Furore sorgten und stilbildend wirkten. Heutzutage sind die Ballett- und Opernaufführungen von Monte Carlo weltberühmt. *Place du Casino | Eintritt 10 Euro | www.casinomontecarlo.com | www.opera.mc*

Ein Park, in dem das ganze Jahr über Kakteen blühen: der Jardin Exotique

CATHÉDRALE DE MONACO (146 B5)

Die Kathedrale wurde 1875 im neo-romanischen Stil gebaut. Neben schönen Altarbildern von Louis Bréa liegt hier auch das Grab der 1982 tödlich verunglückten Fürstin Gracia Patricia, deren Weg vom Hollywoodstar zur monegassischen Prinzessin Legende wurde. *Tgl. 8.30–19 Uhr (im Winter bis 18 Uhr) | 4, Rue Colonel Bellando de Castro | Eintritt frei | www.cathedrale.mc*

COLLECTION DE VOITURES ANCIENNES (OLDTIMER-SAMMLUNG) (146 A4)

In einer prächtigen Ausstellungshalle werden ca. hundert Fahrzeuge der Fürstensammlung präsentiert. Von Kutschen des Prinzen Karl III. bis hin zum Rolls-Royce Silver Cloud und zum Hispano Suiza H6B. Natürlich hat der legendäre mittelmeerblaue Bugatti 35 B, 1929 Gewinner des ersten Grand Prix von Monte Carlo, einen Ehrenplatz. *Tgl. 10–18 Uhr | Les Terrasses de Fontvieille | Eintritt 6,50 Euro | www.palais.mc*

JARDIN EXOTIQUE ★ (146 A4)

Blühende Riesenkakteen in allen Farben und Formen, exotische Pflanzen, afrikanische Bäume: Das Mikroklima macht's möglich, und das Ergebnis ist ebenso erstaunlich wie wundervoll. Und das das ganze Jahr über – irgendein Kaktus blüht immer. Außerdem gehören zu der Anlage eine Tropfsteinhöhle und eine phänomenale Aussicht. *Tgl. 9–18 Uhr (15. Mai–15. Sept. 9–19 Uhr) | 62, Blvd. du Jardin Exotique | Eintritt 7,20 Euro | www.jardin-exotique.mc*

INSIDER TIPP JARDIN JAPONAIS (147 E3)

Ein Vermächtnis von Fürstin Gracia Patricia: Nach ihren Wünschen hat der japanische Architekt Yasuo Beppu den Japanischen Garten realisiert. Eine von den Shinto-Prinzipien bestimmte, 7000 m^2 große Oase der Ruhe mitten im modernen Viertel Larvotto. *April–Okt. tgl. 9–19 Uhr, Nov.–März 9–18 Uhr | Av. Princesse Grace | Eintritt frei*

MUSÉE ET INSTITUT OCÉANOGRAPHIQUE DE MONACO (OZEANOGRAFISCHES MUSEUM) ★ ● (146 C5)

Ein riesiges Meereskundemuseum, malerisch in die Steilküste gebaut, 85 m über dem Mittelmeer. Hobbywissenschaftler Prinz Albert I. gründete es im Jahr 1910, um die Meeresschätze allen und für alle Zeit zugänglich zu machen. Die 90 Aquarien, in denen sich 350 Fisch- und 100 Korallenarten tummeln, sind bemerkenswert. Außerdem sind viele Filme zu sehen – drei von ihnen oscarprämiert – gedreht vom weltberühmten Ozeanologen Jacques-Yves Cousteau, der 30 Jahre lang Leiter des Museums war. *Okt.–März tgl. 10–18, April–Juni/ Sept. 9.30–19, Juli/ Aug. 9.30–20.30 Uhr | 2, Av. Saint-Martin | Eintritt 14 Euro | www.oceano.mc*

LE PALAIS PRINCIER ★ (146 B4)

Der Fürstenpalast thront über dem Fürstentum auf einem 60 m aufragenden Felsen. Im 17. Jh. wurde er auf die ehemalige genuesische Festung aus dem 13. Jh. gebaut. Jeden Tag um 11.55 Uhr findet hier die Wachablösung statt; im Winter sind die Wachen schwarz und im Sommer weiß gekleidet. Im Südflügel des Palastes befinden sich die (natürlich nicht zugänglichen) Privatgemächer der Familie Grimaldi. Von der mit Fresken dekorierten *Galerie d'Hercule* aus können Sie in den wunderschönen *Cour d'Honneur* blicken. Hier fand am 2. Juli 2011 die Hochzeitszeremonie für Fürst Albert II. und Charlene Wittstock statt. Der prächtige *Thronsaal*, der seit dem 16. Jh. für offizielle Empfänge genutzt wird, und die reich möblierten *Grands Appartements* können besichtigt werden. *April–Okt. tgl. 10–18 Uhr | Eintritt 8 Euro (Ticketreservierung auch online möglich) | www.palais.mc*

LE ROCHER (146 B4–5)

Die Altstadt Monacos ist bekannt als „der Felsen". Durch die schmalen, hügeligen Altstadtgässchen gelangen Sie zum Justizpalast, zur malerischen Place Saint Nicolas, zur Gartenanlage Jardins Saint Martin und natürlich zum Fürstenpalast.

MARCO POLO HIGHLIGHTS

★ **Casino de Monte Carlo**
Legendäres Spielkasino am selben Platz wie das Hôtel de Paris → S. 115

★ **Jardin Exotique**
Wo nicht nur die Kakteen blühen → S. 116

★ **Musée Océanographique**
20 000 Meilen unter dem Meer – und ein paar Meter oben drüber → S. 117

★ **Le Palais Princier**
Zu Besuch bei Fürst Albert und Fürstin Charlene → S. 117

ESSEN & TRINKEN

HUIT ET DEMI (146 B4)
Hübsches Restaurant in der Fußgängerzone. Mediterrane Küche, und zum Dessert gibt es z. B. INSIDER TIPP *fondant au chocolat,* den französischsten Nachtisch überhaupt! *So geschl. | 7, Rue princesse Caroline | Tel. 00377 93 50 97 02 | www.huitetdemi.mc* | €€

LE LOUIS XV (147 D3)
Abendessen bei Alain Ducasse – seit 1990 drei Sterne im Guide Michelin – in einem prächtigen Grandhotel im Stil von Versailles. Mondän, elegant, allgegenwärtiger Luxus und kulinarischer Hochgenuss. *Di, Mi geschl. (Mitte Juni–Mitte Aug. Mi abends geöffnet) | Place du Casino | Tel. 00377 98 06 88 64 | www.alain-ducasse.com* | €€€

LOW BUDG€T

Das *Hôtel Miramar (25 Zi. | 126, Av. du 3 Septembre | Cap d'Ail | Tel. 04 93 78 06 60 | www.miramarhotel.fr)* in Cap d'Ail **(149 E3)** **(*🕮 F2*)** ist ein familiengeführtes Hotel, preiswert, sauber und komfortabel.

Zweimal Fast Food in Fontvieille: Als Take-away gibt es im *Alden't* **(146 A5)** *(Rue de la Lujerneta)* ein Pastamenü für nur 9 Euro (Pasta, Getränk, Dessert). Asiatische Tapas kommen im *Zenzen* **(146 A4)** *(tgl. | 25, Av. Albert II | www.zenzen.com)* auf das Tablett. Zum Mitnehmen oder Sofortessen im Restaurant.

Die *Tip Top Caféteria* **(147 D3)** *(11, Av. des Spélugues)* ist für den kleinen Hunger rund um die Uhr geöffnet und verfügt über eine große Auswahl an leckeren Toasts.

LA MAISON DU CAVIAR (147 D3)
Eines der ältesten Restaurants der Stadt. In rustikalem Ambiente sitzen Sie natürlich bei Kaviar, aber auch bei anderen Köstlichkeiten wie *foie gras* und *saumon fumé.* Ein Klassiker. *Tgl. | 1, Av. Saint Charles | Tel. 00377 93 30 80 06* | €€

LA PLACE DU MARCHÉ (146 B4)
Lust auf ein gutes Sandwich oder einen frischen Salat? Im „Marktplatz" gibt es eine große Auswahl, dazu ein schönes Plätzchen im Freien, und schmecken tut's außerdem. *Tgl. | 3, Place d'armes | Tel. 00377 97 77 73 40* | €

QUAI DES ARTISTES (147 F5)
Südfranzösische Stimmung und Küche suchen Sie hier vergeblich. In der typischen Pariser Brasserie direkt am Hafen mit der Replik eines Metro-Eingangs und schwarz-weiß gekleideten Garçons wird die authentische, traditionelle Küche der Hauptstadt zelebriert. *Tgl. | 4, Quai Antoine 1er | Tel. 00377 97 97 97 77 | www.quaidesartistes.com* | €€

LE SAINT-BENOIT (146 C3)
Fischliebhaber erfreuen sich an den Klassikern von Marcel Athimond: Meerespfanne (Hummer, Seeteufel, Scampi, Calamari) oder Shrimpstartelette. Auch der Blick aus dem gerümigen Restaurant auf den Hafen und die Grimaldi-Felsen ist umwerfend. *So abends u. Mo geschl. | 10, Av. de la Costa | Parkplatz de la Costa 5. Stock | Tel. 00377 93 25 02 34 | www.lesaintbenoit.monte-carlo.mc* | €€–€€€

IL TERRAZZINO (147 D3)
Nicht schick und edel, sondern farbenfroh und leicht ist der Empfang bei Raf-

faele Russo. Der Eingang ist gesäumt von Obst und Gemüse, Holzstühle in Blau und Grün, das Essen italienisch. Ein Mittagsmenü aus Antipasti und frischer Pasta gibt es schon für 19 Euro (Abendmenü 45 Euro). *So geschl. | 2, Rue des Iris | Tel. 00377 93 50 24 27 | www.il-terrazzino.com |* €–€€€

Pariser Flair am Mittelmeer in der Brasserie Quai des Artistes

INSIDER TIPP VALENTIN
(146–147 C–D3) (*M*)
Ein guter Ort für einen leichten Lunch. Die Karte – köstliche italienische Gerichte – wechselt täglich. Modern eingerichtet in Weiß und hellem Holz; in der gläsernen Theke warten die hausgemachten Tartes – denn auf Pasta folgt Dolce. Besser reservieren! *Sa/So geschl. | 27, Av. de la Costa | Tel. 00377 93 50 60 00 | www.valentin.mc |* €–€€

EINKAUFEN

Natürlich sind alle Nobeldesigner mit ihren Boutiquen vertreten. Wenn Sie tief in die Tasche greifen wollen, werden Sie in den Straßen rund um das Casino, im sogenannten *Cercle d'Or* (147 D3), fündig. Gegenüber den Jardins du Casino befindet sich die Shoppingmall *Le Métropole* (147 D3) mit über 80 Geschäften und Boutiquen. Und im Stadtteil La Condamine (146 B4) laden um die Straßen *Rue Grimaldi* und *Rue Princesse Caroline* 200 Geschäfte zum Bummeln und Shoppen ein. Der Stadtteil Fontvieille mit dem familienfreundlichen *Centre Commercial de Fontvieille* (146 A4), dessen 36 Boutiquen und dem Supermarkt bietet günstigere Alternativen und Produkte.
Im Januar und im Juli ist Schlussverkauf *(soldes)*, den Sie sich nicht entgehen lassen dürfen, wenn Sie zufällig dann in der Nähe von Monaco sind: Die schönsten und luxuriösesten Designerboutiquen reduzieren die Preise stark.

FREIZEIT & SPORT

BOOTSTOUREN (146 C4)
Bootstouren von Monaco aus bietet das Unternehmen *Riviera Navigation* an. Auf dem Fahrplan stehen z. B. Fahrten ent-

lang der französischen und italienischen Riviera, zu den Îles de Lérins vor Cannes und sogar eine Whale-Watching-Tour, um Delphine zu beobachten. Praktisch für Ihr Sightseeing zu Fuß ist der *bateau bus*, der „Schiffsbus", der im 20-Minuten-Takt von Monte Carlo durch den Hafen nach Monaco-Ville und zurück fährt. *Appontement de la Chicane, Quai des Etats-Unis/Port Hercule | Tel. 00377 92 16 15 15 | www.riviera-navigation.com*

SKI VOL (147 E–F3)

Parasailing, Flyfish, Donuts (leider auch die nervigen, lauten Jetskis) – alles, was das Wassersportlerherz erfreut, finden Sie an der Plage Larvotto. Im Sommer schlägt Ski Vol hier sein Lager auf und hält alles für den Spaß auf dem Wasser bereit. *Im Sommer tgl. | www.skivol.net | Bus 4 u. 6*

LES THERMES MARINS (147 D4)

In dem Wellness- und Beautycenter der Superlative (6000 m²) mit Blick aufs Mittelmeer genießen Sie total entspannt professionelle Anwendungen. Dazu gibt es ein herrliches Meerwasserschwimmbad. *2, Av. de Monte Carlo | Tel. 00377 98 06 69 00 | Tageskarte ohne Behandlung 90 Euro | www.thermesmarinsmontecarlo.com*

AM ABEND

Das Nachtleben ist Teil der Fürstentumslegende. Entsprechend groß ist das Angebot: ein exklusiver Cocktail aus Glamour, Clubbing, Galadiner, Kasino. Aber auch Kulturbegeisterte sind in Monaco richtig: Zusätzlich zu den vielfältigen und qualitativ hochwertigen Programmen des *Théâtre Princesse Grace* (147 D4) *(12, Av. d'Ostende | Tel. 00377 93 25 32 27 | www.tpgmonaco.mc)* und des *Orchestre Philharmonique de Monte Carlo* (147 D4) *(Auditorium Rainier III | Tel. 00377 98 06 28 28 | www.opmc.mc)* gibt es zahlreiche gute Musik- und Theaterfestivals.

BUDDHA BAR (147 D3)

Tolle Lounge-Atmosphäre in besonderem Ambiente, an die Opéra Garnier in Paris erinnernd. Asiatische Küche mit sehr gutem Sushi, Cocktails um die 17 Euro – alles direkt im Kasinogebäude. *Tgl. 18–2 Uhr | Place du Casino | www.buddhabar.com*

LE JIMMY'Z (147 E3)

Es ist schwierig, ein nobleres Etablissement als Le Jimmy'z zu finden. Hier zeigen sich die „beautiful people" der Côte d'Azur. Von Glasflächen umgeben, wirkt der Tanzbereich wie eine grüne Oase – das Meer als Hintergrund. *Mai–Sept. tgl. ab 23.30 Uhr (Okt.–April Mo/Di geschl.) | 26, Av. Princesse Grace | fr.jimmyzmontecarlo.com*

LA NOTE BLEUE (147 E–F3)

Cool und jazzy verbringt man den Abend im La Note Bleue: essen und trinken am Strand bei ausgewählter Musik, mittwochs bis samstags auch live von bekannten Jazzmusikern. *Tgl. | Av. Princesse Grâce | Plage du Larvotto | www.lanotebleue.mc*

SASS CAFÉ (147 E3)

Die Pianobar ist der perfekte Einstieg in den Abend: Die VIP's treffen sich hier vor der langen Partynacht. Auch beliebt bei Nachtschwärmern, wenn alles andere geschlossen ist. *Tgl. | 11, Av. Princesse Grace | www.sasscafe.com*

STARS 'N' BARS (147 F5)

Formel-1- und Sportbegeisterte treffen sich in der über Monaco hinaus bekannten Bar: amerikanisches Essen und Plasmabildschirme mit aktuellen Sportereignissen. *Tgl. 11–24 Uhr | 6, Quai Antoine 1er | www.starsnbars.com*

ÜBERNACHTEN

Wenn Sie unbedingt im zweitkleinsten Staat der Welt übernachten wollen, müssen Sie bereit sein, tief in die Tasche zu greifen: Lediglich zwei Zwei-Sterne-Hotels gibt es im Fürstentum.

COLUMBUS (146 A5)
Wenn ein ehemaliger schottischer Formel-1-Star ein Drei-Sterne-Hotel in Monaco eröffnet, kann man sicher sein, dass etwas ganz Besonderes entsteht: Es ist chic und stylish bis ins kleinste Detail. Der Rennfahrer heißt David Coulthard, das Hotel liegt in Fontvieille nur etwa 500 m vom Strand entfernt. Die Zimmer sind sehr freundlich und geschmackvoll eingerichtet und vergleichsweise erschwinglich. *181 Zi. | 23, Av. des Papalins | Tel. 00377 92 05 90 00 | www.columbushotels.com | €€€*

HÔTEL CAPITOLE (147 D3)
Das Hotel liegt im französischen Beausoleil, aber so nah an Monaco, dass z. B. das Kasino zu Fuß zu erreichen ist. Parkmöglichkeiten in der Nähe, freundlicher Service und akzeptable Preise für die Nähe zu Monaco. *19 Zi. | 19, Blvd. du Général Leclerc | Beausoleil | Tel. 04 93 28 65 65 | www.hotel-capitole.fr | €€€*

HÔTEL DE FRANCE (146 B4)
Schon beinahe eine Sehenswürdigkeit: ein Zwei-Sterne-Hotel in Monaco. Sehr einfache Zimmer, aber: erschwinglich! Sehr freundlicher Service. *26 Zi. | 6, Rue de la Turbie | Tel. 00377 93 30 24 64 | www.monte-carlo.mc/france | €€*

MONTE CARLO BAY (147 F3)
Das Hotelresort überragt das Meer mit 4 ha Garten und Luxus direkt am Strand: fünf Restaurants, Innenpool, eine Lagune mit weichem Sandboden, Spa, Theater, zwei Kasinos. *344 Zi. | 40, Av. Princesse Grace | Tel. 00377 98 06 02 00 | www.montecarlobay.mc | €€€ | ab 395 Euro*

Treffpunkt von Amiland- und Sportfans nicht nur beim Grand Prix: Stars 'n' Bars

MIT KINDERN UNTERWEGS

CONFISERIE FLORIAN ● (141 D5)
Süßwaren aus Früchten und Blumen der Region – schauen Sie in der Werkstatt zu, wie Bonbons, Schokolade, Konfitüren und kandierte Früchte in Handarbeit hergestellt werden. Besondere Spezialität: kandierte Clementinen *(clémentines confites)*. Die Franzosen lieben sie! Zuschauen, probieren, kaufen! *Tgl. 9–12 u. 14–18.30 Uhr | 14, Quai Papacino | Nizza | Eintritt frei | www.confiserieflorian.com | Bus Place de l'Ile de Beauté*

GELATERIA AZZURO (140–141 C–D5)
Bei Fenocchio ist zwar die Auswahl größer, aber wenige Meter von der Place Rossetti entfernt geht es weitaus kinderfreundlicher zu! Weniger lange Schlangen, ein Extra-Gummibärchen auf der Eiskugel, sehr netter Service. *Tgl. (Winterpause) | 1, Rue St. Réparate | Nizza | Altstadt | Tel. 04 93 13 92 24*

INLINESKATING (140 C5)
Fürs „Familien-Inlineskating" geht es direkt an der Promenade bei der *Roller Station (April–Juni, Sept./Okt. tgl. 10–19, Juli/Aug. 9.30–24, Nov.–März 10–18 Uhr | 49, Quai des Etats-Unis | Nizza | 7 Euro/2 Std., 9 Euro/Tag; Schützer 2 Euro | www.roller-station.fr | Bus Albert 1er)* los. Die breite Promenade mit ihrer Extraspur für Fahrräder bzw. Inliner ist ideal für einen INSIDER TIPP Familienspaß auf Rollen.

MARINELAND (148 B4) *(🕮 C4)*
Delphine, Orcas, Haie und Robben: Im größten Meerespark Europas sehen Kinder, was sie sonst nur aus Büchern und dem TV kennen. Sicher kein Low-Budget-Tipp; eher ein „Reisebonbon". *Feb.–April, Okt.–Dez. tgl. 10–18, Mai/Juni, Sept. 10–19, Juli/Aug. 10–23 Uhr | Espace Marineland | 306, Av. Mozart | Antibes | Eintritt 39 Euro, Kinder (3–12 Jahre) 31 Euro (sparen kann man mit dem Early-Booking-Tarif (s. Website) | www.marineland.fr*
Das angrenzende *Kid's Island (Eintritt 13,50 Euro, Kinder (3–12 Jahre) 10,50 Euro)* mit vielen Tieren, Ponyreiten, einem Minizug und riesigen Hüpfburgen ist gerade für kleinere Kinder ein toller Ausflug.
Zum Espace Marineland gehört der Wasserpark *Aquasplash (Mitte Juni–Anf. Sept. 10–19 Uhr | Eintritt 27 Euro, Kinder 21 Euro):* ein spritziger Parcours aus Rutschen, Wasserkanonen und Wellenrutschen mit Gummireifen. *Mit dem Ticket „TER + Marineland" Nizza–Biot (Bahnhof 200 m vom Marineland) ist die Bahnfahrt kostenlos*

Neben dem 8 km langen Strand von Nizza gibt es noch viel mehr Tummelplätze – nicht nur unter freiem Himmel

MUSÉE OCÉANOGRAPHIQUE
(146 C5) (*F2*)
Ein Paradies für Kinder sind die rund 90 Aquarien mit ihren 350 Fischarten. Aber das Beste ist das INSIDER TIPP Riesenaquarium voller Nemos! Und natürlich sind auch die Kindermenüs im Restaurant auf der Dachterrasse, die Filme über die Unterwasserwelt und die Boutique mit den Plüschfischen etc. höchst interessant. *Okt.–März tgl. 10–18, April–Juni/Sept. 10–19, Juli/Aug. 10–20 Uhr | 2, Av. Saint-Martin | Monaco | Eintritt 14 Euro, Kinder (4–12 Jahre) 7, (13–18 Jahre) 10 Euro | www.oceano.mc*

PARC PHOENIX (148 C3) (*D3*)
Entdeckungspark rund um exotische Tiere und Pflanzen aus aller Welt. Eine grüne Oase und ein Spaziergang durch sieben Klimazonen: „Der Grüne Diamant" *(Le Diamant Vert)* ist eines der größten Gewächshäuser Europas. *April–Okt. tgl. 9.30–19.30, Nov.–März 9.30–18 Uhr | 405, Promenade des Anglais | Nizza | Eintritt 3 Euro, Kinder unter 12 Jahren frei | www.parc-phoenix.org | Bus Arénas*

PROMENADE DU PAILLON (140 C5)
Ein Muss sind die Wasserspiele auf der *Promenade du Paillon*. Ein riesiger Wasserspiegel von 3000 m², aus dem 128 Fontainen aufsteigen, bietet den Großen ein faszinierendes Lichtspiel und den Kleinen eine fantastische Erfrischung – an heißen Tagen ein Fest. INSIDER TIPP Badehose und Handtuch nicht vergessen! Ebenfalls ein Spaß: der Themenspielplatz „Meer" mit den großen Holzklettergerüsten „Wal", „Delfin" und „Schiff". *Tramway Masséna*

SPIELPLATZ (141 D5)
Oben auf der *Colline du Château* werden die Kinder nach einer langen Stadtbesichtigung versöhnt. Ein Spielplatz für die Kleinen, ein Riesenkletterturm für die Größeren, eine große Wiese und ein Café mit Eis und Getränken. Für eine kleine Dusche sorgt der nahe Wasserfall. *Nizza*

EVENTS, FESTE & MEHR

Die Festivals an der Côte d'Azur haben Weltklasse! Neben traditionellen Festen sind es Festivals mit internationalem Renommee. Dazu feiert Nizza seinen buntberühmten Karneval, beim Zirkusfestival von Monaco tanzen die Clowns, und im Sommer jagt ein Feuerwerk das andere.

VERANSTALTUNGEN

JANUAR

★ ***Festival International du Cirque de Monte Carlo:*** Fürstentum im Zirkusrausch! Artisten, Clowns und Dompteure – und natürlich nur die besten. Das renommierteste Zirkusfestival der Welt. *www.montecarlofestival.mc*

FEBRUAR

Carnaval de Nice: Umzüge und Blumenkorsos – Abertausende von Blüten verwandeln die Promenade in ein Blumenmeer. Achtung: Die Karnevalsfeierlichkeiten finden oft nach dem Aschermittwoch statt! *www.nicecarnaval.com*

MÄRZ

Festin des Cougourdons: Kürbisse in den bizzarsten Formen schmücken die Gärten von Cimiez, wenn die Nizzaer Ende März den Frühling willkommen heißen.

APRIL

Semi-Marathon International de Nice: ein Riesenfest rund ums Laufen – mit über 8000 Teilnehmern. Beim 2 km langen Haribo-Family- oder -Kids-Run können auch Kinder an den Start gehen. *www.nicesemimarathon.com*

MAI

Festival de Cannes: die Welt des Films in Cannes. Für Nicht-Promi-Festivalbesucher gibt es das Filmprogramm der ***Quinzaine des Réalisateurs*** *(Infos u. Tickets im Malmaison | Cannes | www.quinzaine-realisateurs.com). www.festival-cannes.fr*

Grand-Prix de Monaco: Der Asphalt bebt beim spektakulären Formel-1-Rennen. *www.monaco-grand-prix.com*

JUNI

Fête de la Saint-Pierre: Die Fischer Nizzas ehren das Meer. Traditionelles Fest am Monatsende im Nizzaer Hafen

Fête de la Musique: Sommeranfang und Musik – der 21. Juni ist der „Tag der Musik". *www.fetedelamusique.culture.fr*

JULI/AUGUST

Jazz à Juan: Jazz, Meer und Pinien in Antibes – eine fantastische Kombination! *www.jazzajuan.com*

Tradition, Glanz & Glamour: Der Festivalkalender an der Côte d'Azur ist prall gefüllt – zu jeder Jahreszeit

● ***Nice Jazz Festival:*** laue Sommerabende unter Palmen, dazu Musik vom Feinsten im Jardin Albert 1er. *www.nicejazzfestival.fr*

● INSIDER TIPP ***Festival d'Art Pyrotechnique de Cannes:*** einzigartiges Feuerwerksspektakel in der Bucht von Cannes; sechs Länder treten an – sechs Abende Feuerwerksvergnügen. Und dazu ein Picknick am Strand! *www.festival-pyrotechnique-cannes.com*

SEPTEMBER

Monaco Yacht Show: einmal reinschnuppern in die Welt des Luxus? Die größten und teuersten Yachten Europas laufen in den Hafen von Monaco ein. *www.monacoyachtshow.com*

NOVEMBER

INSIDER TIPP ***Marathon des Alpes-Maritimes:*** Entlang an der Küste von Nizza nach Cannes findet der Marathon mit ca. 10 000 Teilnehmern statt. *www.marathon06.com*

DEZEMBER

Village de Noël: Auf Nizzas Promenade du Paillon findet jährlich bis in den Januar hinein der Weihnachtsmarkt statt.

FEIERTAGE

1. Jan.	Neujahr
7. Jan.	Nationalfeiertag Monaco
März/April	Ostermontag
1. Mai	Tag der Arbeit
8. Mai	Waffenstillstand 1945
Mai/Juni	Christi Himmelfahrt; Pfingstmontag
14. Juli	Nationalfeiertag Frankreich
15. Aug.	Mariä Himmelfahrt
1. Nov.	Allerheiligen
11. Nov.	Waffenstillstand 1918
25. Dez.	Weihnachten

LINKS, BLOGS, APPS & CO.

LINKS & BLOGS

www.nice-panorama.com Besichtigen Sie virtuell die Altstadt von Nizza, das Zentrum und den Hafen von Antibes oder die Croisette in Cannes

www.guidegantie.com Der Guide Gantié ist eine Institution, wenn es um Restaurantbewertungen geht. Jedes Jahr stellt er eine Auswahl an besonders empfehlenswerten Restaurants, Chambre d'hôtes und Delikatessenläden zusammen. Ein toller Gourmetführer für Genießer

www.nicerendezvous.com Alles über Nizza: Gesellschaft, Politik, Sport, Aufführungen und Küche

www.rczeitung.com Die Website der deutschsprachigen „Riviera-Zeitung" enthält Lokalnachrichten, Veranstaltungstipps und Serviceinformationen

www.marcopolo.de/nizza Alles auf einen Blick zu Ihrem Reiseziel: Interaktive Karten inklusive Planungsfunktion, Impressionen aus der Community, aktuelle News und Angebote ...

www.ben-vautier.com Der Blog des bekannten Nizzaer Künstlers Ben Vautier ist einfach ausgeflippt. Amüsant ist es, sich durch Bens Fotowelt zu klicken. Außerdem, auf Französisch, Kunterbuntes rund um Fluxus, Ben und seine ungewöhnlichen Ideen

short.travel/niz1 Der (französische) „Altstadt"-Blog der Lokalzeitung Nice Matin. Was gibt's Neues in den Gassen von Vieux Nice? Neue Restaurants, neue Geschäfte, Kultur und Kunst

short.travel/niz2 Der „Promenade-des-Anglais-Blog" informiert über Wissenswertes und Kurioses rund um die berühmte Promenade – wie sie in der Nacht beleuchtet ist, dass sie von 1300 Palmen, vier Pergolas und zehn Zeitungskiosken gesäumt wird und wie sie sich zur Marathon-, zur Karnevals- und zur Weihnachtszeit präsentiert

Egal, ob für Ihre Reisevorbereitung oder vor Ort: Diese Adressen bereichern Ihren Urlaub. Da manche sehr lang sind, führt Sie der short.travel-Code direkt auf die beschriebenen Websites. Falls bei der Eingabe der Codes eine Fehlermeldung erscheint, könnte das an Ihren Einstellungen zum anonymen Surfen liegen

short.travel/niz4 Jede Menge Tipps und Infos von Leuten, die vor Ihnen da waren

VIDEOS & MUSIK

short.travel/niz3 Sollten Sie Pech haben und bei schlechtem Wetter nach Nizza einfliegen, erfreuen Sie sich hier an dem spektakulären Anflug über die Küste

short.travel/niz5 Stream des lokalen englischen Radiosenders Riviera Radio (106.5). Musik, Veranstaltungstipps, Wetter und Aktuelles aus Nizza und Umgebung

short.travel/niz6 Zur Einstimmung auf das Chagall-Museum ein gut siebenminütiges Video mit dem Titel „Marc Chagall & l' Amour". Eine Passage der Gemälde und Skizzen des Meisters, die sich mit dem Thema „Liebe" befassen, unterlegt mit dem Adagio aus Mozarts Klavierkonzert Nr. 23

APPS

Musée National Marc Chagall Eine App, die Sie durch die Welt Chagalls führt: Fotogalerie, Audiobesuch des Museums, Hinweise auf aktuelle Ausstellungen und praktische Informationen

Monument Tracker Wo bin ich, und was ist um mich herum? Die App ortet Sie und zeigt, welche von den 120 gespeicherten Bauwerken und Sehenswürdigkeiten Nizzas in der Nähe sind. Monument Tracker gibt es auch für Antibes, Cannes und Monaco

Lignes d'Azur Wer sich in Nizza und Umgebung mit öffentlichen Verkehrsmitteln fortbewegt, bekommt hier die ideale Unterstützung und vermeidet langes Warten – wo ist die nächste Haltestelle, und wann fährt der nächste Bus von A nach B

Nice Code Diese regelmäßig aktualisierte App ist der Schlüssel zu angesagten Galerien, Museen, Bars, Restaurants. Die französische Printausgabe gibt es bei den vorgestellten Adressen zu kaufen. Die App steht auch auf Englisch zur Verfügung

Sortir by nice-matin Den Veranstaltungskalender der Lokalzeitung immer in der Hosentasche! Konzerte, Kino, Ausstellungen und vieles mehr. Wenn das Abendprogramm noch nicht steht, holen Sie sich hier eine Idee

PRAKTISCHE HINWEISE

ANREISE

Über die Autobahn geht es über Mulhouse, Lyon, Orange und Aix-en-Provence nach Nizza. Wer aus Süddeutschland kommt, kann auch die Brenner- bzw. die Gotthardautobahn nehmen und dann über Mailand und Genua anreisen. Länger ist die Route Napoléon über Digne-les-Bains und Grasse. Die französischen Autobahnen sind mautpflichtig. Mit dem PKW zahlen Sie für 100 km ca. 5,50 Euro. Für Motorräder und Wohnmobile gelten Staffelpreise. Die Gebühren können bar oder mit Kreditkarte gezahlt werden. Auch für die österreichischen und italienischen Autobahnen sowie für den Brenner zahlt man Gebühren. In der Schweiz brauchen Sie eine Jahresvignette.

Die Anreise per Bahn erfolgt – je nachdem woher Sie kommen – über Paris, Lyon, Straßburg oder Mailand. Informationen unter *www.bahn.de, www.sbb.ch, www.oebb.at*. Innerhalb Frankreichs verkehrt der Hochgeschwindigkeitszug TGV *(www.voyages-sncf.com)*.

Der Flughafen Nice-Côte d'Azur *(www.nice.aeroport.fr)* liegt zentral und nicht weit vom Stadtzentrum entfernt. Low-Cost-Airlines aus verschiedenen Städten bieten – rechtzeitig gebucht – gute Möglichkeiten, günstig nach Nizza zu kommen.
Öffentliche Busse fahren am Terminal 1 ab. Ins Zentrum fährt der Bus 23; Tickets (1,50 Euro) gibt es direkt im Bus. Die Busse 98 und 99 von Lignes d'Azur fahren für 6 Euro in die Stadt. Tickets hierfür sind am Schalter des Busbahnhofs zu kaufen.

GRÜN & FAIR REISEN

Auf Reisen können auch Sie viel bewirken. Behalten Sie nicht nur die CO_2-Bilanz für Hin- und Rückreise im Hinterkopf *(www.atmosfair.de; de.myclimate.org)* – etwa indem Sie Ihre Route umweltgerecht planen *(www.routerank.com)* – , sondern achten Sie auch Natur und Kultur im Reiseland *(www.gate-tourismus.de; www.ecotrans.de)*. Gerade als Tourist ist es wichtig, auf Aspekte wie Naturschutz *(www.nabu.de; www.wwf.de)*, regionale Produkte, wenig Autofahren, Wassersparen und vieles mehr zu achten. Wenn Sie mehr über ökologischen Tourismus erfahren wollen: europaweit *www.oete.de*; weltweit *www.germanwatch.org*

AUSKUNFT

ATOUT FRANCE – FRANZÖSISCHE ZENTRALE FÜR TOURISMUS

– Deutschland (Postfach 100 128 | 60001 Frankfurt | info.de@rendezvousenfrance.com | de.rendezvousenfrance.com)
– Österreich (Tel. 01 5 03 28 92 | info.at@rendezvousenfrance.com)
– Schweiz (Tel. 00 41 | 2 17 46 00 | info.ch@atout-france.fr)

OFFICE DE TOURISME NICE

– 5, Promenade des Anglais **(140 B5)** *(Tel. 08 92 70 74 07 | www.nicetourisme.com)*
– Flughafen Nizza **(148 C4)** *(Terminal 1 | Tel. 08 92 70 74 07)*
– Bahnhof SNCF **(140 B4)** *(Av. Thiers | Tel. 08 92 70 74 07)*

– *www.nice.fr* ist die offizielle Website der Stadt Nizza mit Nachrichten, Kultur und touristischen Infos

OFFICE DE TOURISME ANTIBES

– *42, Av. Robert Soleau | Antibes* (144–145 C–D2) *| Tel. 04 92 21 06 010*

– *60, Chemin des Sables | Juan-les-Pins* (144 C6) *| Tel. 04 22 10 60 01 | www.antibesjuanlespins.com*

OFFICE DU TOURISME DE CANNES

(142 B3)

Palais des Festivals | 1, Blvd. de la Croisette | Tel. 04 92 99 84 22 | www.cannes-destination.fr

OFFICE DE TOURISME MONACO

(147 D3)

2a, Blvd. des Moulins | Tel. 0 03 77 | 92 16 61 16 | www.visitmonaco.com

BOOTSTOUREN

Einstündige Küstenfahrten zum Cap Ferrat und zurück (17,50 Euro) sowie ● Tagestouren zu den Îles de Lérins (38 Euro) oder nach Cannes, Monaco, Saint-Tropez bietet *Trans Côte d'Azur* (141 D5) *(Abfahrt u. Ticketverkauf am Quai Lunel | Tel. 04 92 00 42 30 | www.trans-cote-azur.com)* von April bis Oktober an.

CAMPING

In Nizza gibt es keine Campingplätze. Die Campingmöglichkeiten in der näheren Umgebung sind unter *www.nicetourisme.com/campings* einzusehen. Dort gibt es eine große Auswahl entweder entlang der Küste oder im Hinterland. Eine ganze Reihe von Campingplätzen gibt es in Antibes *(www.antibesjuanlespins.com)*.

DIPLOMATISCHE VERTRETUNGEN

DEUTSCHES KONSULAT

34, Av. Henri Matisse | 06200 Nizza | Tel. 04 93 83 55 25 | Mo–Fr 9–12 Uhr

ÖSTERREICHISCHES KONSULAT

6, Av. de Verdun | 06000 Nizza | Tel. 04 93 87 01 31 | Mo–Fr 10–12 Uhr

SCHWEIZER KONSULAT

7, Rue d'Arcole | 13291 Marseille | Tel. 04 96 10 14 10 | Mo–Fr 9–11.30 Uhr

GESUNDHEIT

Bei Inanspruchnahme ärztlicher Leistungen händigt der Arzt Ihnen ein Behandlungsformular „Feuille de Soins" aus, auf dem die Personalien und erbrachten Leistungen vermerkt sind. Die Behandlung wird vor Ort bezahlt und nach Vorlage des Formulars von den heimischen Kassen zurückerstattet. Nachtapotheken in Nizza (24 Stunden geöffnet):

– *Pharmacie Masséna (7, Rue Masséna | Tel. 04 93 87 78 94)*

– *Pharmacie Riviéra (66, Av. Jean Médecin | Tel. 04 93 62 54 44)*

INTERNETCAFÉS & WLAN

Eine kleine Auswahl an WLAN-Spots. WLAN heißt auf Französisch Wii.

– *Dre@m Cybercafé (Mo–Fr 10–20 Uhr (Sa nur nachm.) | 6, Rue Commandant Vidal | Cannes):* zentral gelegenes, gut ausgestattetes Internetcafé.

– *L'Outil du Web (Mo–Sa | 4,50 Euro/ Std. | 11, Av. Robert Soleau | Antibes)*
– *Sun Sea Blue (tgl 8.30–23 Uhr | 10 Min. 1 Euro, 1 Std. 4 Euro | 71, Quai des Etats-Unis | Nizza):* bei Verzehr kostenloser Internetzugang. Terrasse mit schönem Blick aufs Meer. Salat, Pizza, Crêpes und Eis.

KOCHKURSE

Wer der französischen Sprache mächtig ist, die mediterrane Küche liebt und dazu noch gerne kocht, der geht zu Aude Bertaux. Lachs, Pasteten, Schokolade, Tartes – in ihrer *Cuisine sur Cours (75, Av. A. Borriglione | Tel. 04 93 96 17 29 | www.cuisinesurcours.com)* bietet die gebürtige Nizzaerin ein- bis fünfstündige Kurse zu unterschiedlichen kulinarischen Themen an.

MIETWAGEN

Am Flughafen Nizza sind die großen Mietwagenanbieter Avis *(www.avis.de)*, Europcar *(www.europcar.de)*, Hertz *(www.hertz.de)* und Sixt *(www.sixt.de)* vertreten. Der Preis für einen Kleinwagen beträgt rund 280 Euro pro Woche. Besonders günstige Angebote bei Sixti *(www.sixt.com)*.
Außerdem gibt es noch die umweltfreundliche Variante: Bei Auto Bleue *(www.auto-bleue.org)* gibt es nach dem Car-Sharing-Prinzip Elektroautos zu mieten: einmalige Einschreibung 26 Euro, Vor- bzw. Nachmittag 21 Euro, ganzer Tag 45 Euro.

NOTRUF

Allgemeiner Notruf (Tel. 112) | Rettungsdienst (SAMU) (Tel. 15) | Polizei (Tel. 17) | Feuerwehr (Tel. 18) | Zahnärztlicher Notdienst (Tel. 04 93 80 77 77 | Tel. 04 97 25 72 75) | Kindernotaufnahme (Hôpital Lenval | Tel. 04 92 03 03 03)

ÖFFENTLICHE VERKEHRSMITTEL

Das öffentliche Verkehrsnetz aus Bussen und Straßenbahn *(tramway)* heißt *Lignes d'Azur.* Eine Einzelfahrt *(solo)* kostet 1,50 Euro, die Tageskarte *(pass 1 jour)* 5 Euro, erhältlich im Bus bzw. am Automaten auf dem Bahnsteig. Mit der Linie 100 kommt man so INSIDER TIPP für 1,50 Euro nach Monaco.
Achtung: Fahrscheine nicht knicken, sie werden dann ungültig. Für einen längeren Aufenthalt in Nizza lohnt sich die Wochenkarte *(pass 7 jours)*, die Sie für 15 Euro in einem der beiden Verkaufsbüros kaufen können *(3, Place Masséna* und *29, Av. Malausséna)*. Außerdem gibt es 10er-Karten *(Multi 10 voyages)* für 10 Euro, die auch für mehrere Fahrgäste verwendet werden können. Die 10er-Karte *(multi)* gibt es im Verkaufsbüro. *www.lignesdazur.com*
Mit dem Regionalzug (TER) kommen Sie von Nizza aus u. a. nach Antibes, Cannes und Monaco. Fahrtzeiten und Tarife (einfache Fahrt): Cannes (ca. 30 Min.) 6,60 Euro; Antibes (ca. 20 Min.) 4,40 Euro; Monaco (ca. 25 Min.) 3,70 Euro. *www.ter-sncf.com*

ÖFFNUNGSZEITEN

Die Banken haben meistens Mo–Fr 8.30–11.45 u. 13.30–16.30 Uhr geöffnet. Viele Museen, Restaurants und Geschäfte haben montags geschlossen. Die Museen sind auch an vielen Feiertagen nicht geöffnet.
Die französischen Essenszeiten liegen zwischen 12–14 und 19–22 Uhr; davor und danach ist die Küche meist geschlossen. Viele Restaurants legen ihre mehr-

wöchigen Betriebsferien in die Wintermonate.

POST

Standardbriefe (bis 20 g) und Postkarten innerhalb Frankreichs kosten 0,66 Euro, in EU-Länder 0,95 Euro. Postämter sind Mo–Fr 9–12 u. 14–17, Sa 9–12 Uhr offen.

RAUCHEN

In öffentlichen Einrichtungen, Bars und Restaurants ist das Rauchen verboten.

REISEZEIT

Im Juli und August hat Frankreich Ferien: Das ist die heißeste – und die teuerste – Zeit! Juni und September sind für einen Urlaub ideal. Aber auch die anderen Monate sind sonnig und mild. Wunderschön ist die Zeit der Mimosenblüte ab Ende Januar.

SEGWAY-TOUREN

Die Segways sind in Nizza angekommen. Statt zu Fuß können Sie die Stadt also auch rollend erkunden, Hauptsache, Sie behalten das Gleichgewicht. *Mobilboard (Juni–Sept. 8–19, Okt.–Mai 9–18 Uhr | 2, Rue Halévy | 30 Min. 17 Euro, 2 Std. 50 Euro | Tel. 04 93 80 21 27 | www.mobilboard.com)* bietet Touren unterschiedlicher Länge an – von der 30-minütigen Einsteigertour bis hin zur 15 km langen Strecke nach Villefranche-sur-mer. Die Segways können Sie sich aber auch einfach so ausleihen, um auf eigene Faust loszufahren.

STADTRUNDFAHRTEN

Die umfangreichste Tour ist eine Fahrt durch Nizza mit dem *Panoramabus (Nov.–März tgl. 10–17 Uhr (stdl.); April–Okt. tgl. 9.30–18.30 Uhr (halbstdl.) | Tageskarte: 22 Euro; Zweitageskarte: 25 Euro | Karten im Bus, im Fremdenverkehrsamt oder im Internet | www.nice.opentour.com)*. Die Rundfahrt dauert 75 Minuten. Es gibt elf Haltestellen, an denen Sie beliebig zu- und aussteigen können. Die Tour führt die gesamte Promenade entlang, dann durchs Hafenviertel bis zum Mont Boron und bis in den nördlichen Stadtteil Cimiez *(Kopfhörer mit deutschem Kommentar)*.

Der kleine *Touristenzug (Okt.–März tgl. 10–17 Uhr, April/Mai, Sept. tgl. 10–18 Uhr, Juni–Aug. tgl. 10–19 Uhr | Fahrt: 8 Euro | www.trainstouristiquesdenice.com)* startet alle 30 Minuten gegenüber vom Jardin Albert 1er auf der Promenade des Anglais. Die 40-minütige Fahrt führt hoch zum Colline du Château und um die Altstadt herum *(Kopfhörer mit deutschem Kommentar)*.

Mit dem ● Fahrradtaxi *Cyclopolitain (Di–Sa 10–18 Uhr, Juli/Aug. tgl. 9–21 Uhr | 30*

WAS KOSTET WIE VIEL?

Kaffee	**2,50 Euro** *für einen Espresso*
Souvenir	**2,50 Euro** *für 100 gr Herbes de Provence*
Taxi	**22–30 Euro** *für die Fahrt vom Flughafen ins Zentrum*
Pan-bagnat	**4 Euro** *für das mit Salade niçoise gefüllte Brötchen*
Aperitif	**4 Euro** *für einen Pastis*
Strandliege	**19 Euro** *pro Tag in der Saison*

Min. 15 Euro/Pers., 60 Min. 22,50 Euro/ Pers.; Einzelfahrten 3 Euro fürs Taxi + 1,50 Euro/km | Tel. 04 93 81 76 15 | www.cyclopolitain.com), das auch optisch was hermacht, können Sie entweder eine Stadtrundfahrt machen oder sich einfach nur von einem Ort zum anderen bringen lassen. Standorte: Hauptbahnhof, Av. Jean Médecin/Nicetoile, Place Masséna, Place Magenta, Promenade des Anglais/ Casino Ruhl.

Drei besondere Stadttouren in Englisch, bietet *Nice Cycle Tours (Mobil 06 19 99 95 22 | www.nicecycletours.com)*. Die 3-stündige *Nice Cycle Tour (30 Euro)* führt per Rad zu allen Highlights und gibt einen tollen Überblick über die Stadt. Nizza über seine kulinarischen Traditionen kennenlernen können Sie bei der INSIDER TIPP *The Pure Nice Food Tour (65 Euro)*: über zehn Stationen und viele Geschichten rund um Nizza und seine Speisen. Für Weinliebhaber ist die *Tour de France of Organic Wine (40 Euro)* das Richtige. *Treffpunkt: Promenade des Anglais, Opera Plage.*

STROM

Üblich sind 220 Volt. Flachstecker passen überall. Schukostecker brauchen einen Adapter.

TAXI

Zentrales Taxiunternehmen ist *Allo Taxi Riviera (Tel. 04 93 13 78 78)*. Der (teurere) Nachttarif gilt von 19 bis 7 Uhr. Taxistandorte sind u. a. Flughafen Terminal 1/2, Place Masséna, Promenade des Anglais, Place Garibaldi, Rue Hôtel des Postes (Galerie La Fayette), Rue de la Liber-

WETTER IN NIZZA

	Jan.	Feb.	März	April	Mai	Juni	Juli	Aug.	Sept.	Okt.	Nov.	Dez.
Tagestemperaturen in °C	13	13	15	17	20	24	27	27	25	21	17	13
Nachttemperaturen in °C	4	5	7	9	13	16	18	18	16	12	8	5
Sonnenschein Stunden/Tag	5	6	6	8	9	10	12	11	9	7	5	5
Niederschlag Tage/Monat	7	6	6	7	6	3	2	3	6	8	8	7
Wassertemperaturen in °C	13	12	13	14	16	20	22	23	21	19	16	14

 Sonnenschein Stunden/Tag Niederschlag Tage/Monat Wassertemperaturen in °C

té, Blvd. Dubouchage/Av. Jean Médecin, Hauptbahnhof, Acropolis.

TELEFON & HANDY

In *Café-Tabacs* und bei der Post gibt es Telefonkarten *(télécartes)* in unterschiedlicher Stückelung.
Die Vorwahl für Frankreich ist 0033. Innerhalb Frankreichs gibt es keine Vorwahlen, es muss immer die vollständige, zehnstellige Nummer gewählt werden. Bei Anrufen aus dem Ausland entfällt die Null am Anfang. Vorwahl für Monaco: 00 377. Vorwahl für Deutschland 0049, für Österreich 0043, für die Schweiz 0041, dann die jeweilige Ortskennzahl ohne Null.
Handy heißt auf französisch *portable.* Beim Roaming spart, wer sich eine französische Prepaidkarte kauft. Die drei großen Anbieter sind Neuf Cegetel *(www.cegetel.fr)*, Orange *(www.orange.fr)* und Bouygues *(www.bouyguestelecom.fr)*.

TRINKGELD

Die Höhe des Trinkgelds *(pourboire)* liegt im eigenen Ermessen. Man zahlt passend und lässt das Trinkgeld danach auf dem Tisch liegen.

VELOBLEU – FAHRRADVERLEIH

An 175 Stationen bietet *Vélobleu (www.velobleu.org)* 1750 Fahrräder zum Verleih an. Eine Übersicht mit allen Stationen gibt es auf der Homepage. An jeder Station steht ein Automat, an dem man sich anmeldet (1 Euro/Tag), das Fahrrad ausleiht (1 Euro/Std., jede weitere Std. 2 Euro) und dann direkt in die Pedale steigt. Stationen z. B.: Quai des Etats-Unis, Palais de Justice, Gare Routière, mehrere auf der Promenade des Anglais.

WASSERSPORT

Wasserski, Wakeboard, Fly Fish, Parasailing, Tubes – für den Kick auf dem Wasser steht in den Sommermonaten am Strand an der Promenade des Anglais alles bereit. Anbieter sind *Nikaïa Water Sport (Plage Beau Rivage | gegenüber Jardin Albert 1er | www.nikaiaglisse.com)* und *BlueBeach Water Sports (29, Promenade des Anglais | gegenüber Hôtel Negresco | www.glisse-evasion.com)*
Taucher finden von Nizza bis Cap Ferrat über 30 Tauchspots in sechs verschiedenen Tauchgebieten. Die Boote verschiedener Tauchzentren starten vom Hafen in Nizza aus: z. B. *Centre International Plongée (Mobil 06 09 52 55 57 | www.cip-nice.com)*, *Le Poseidon (Tel. 04 92 00 43 86 | www.poseidon-nice.com)*

ZEITUNGEN

Regionale Tageszeitung ist die „Nice Matin". Deutschsprachige Zeitungen und Zeitschriften gibt es in gut sortierten Kiosks. Empfehlenswert ist die monatlich erscheinende deutsche „Riviera Zeitung" mit lokalen und nationalen Nachrichten sowie Veranstaltungstipps.

ZOLL

EU-Bürger können Waren des persönlichen Bedarfs innerhalb der EU frei ein- und ausführen, Grenzen gibt es bei Zigaretten (800 Stück), Tabak (1 kg) und Spirituosen (10 l); für Wein gibt es keinen Richtwert. Bei der Einfuhr aus der EU in die Schweiz können bis zu einem Gesamtwert von 300 Franken 5 l Getränke mit einem Alkoholgehalt bis 18 Prozent und 1 l mit einem höheren Alkoholgehalt sowie 250 Zigaretten zollfrei eingeführt werden. *www.zoll.de | www.ezv.admin.ch*

SPRACHFÜHRER FRANZÖSISCH

AUSSPRACHE

Zur Erleichterung der Aussprache sind alle französischen Wörter mit einer einfachen Aussprache in eckigen Klammern versehen.

AUF EINEN BLICK

ja/nein/vielleicht	oui [ui]/non [nong]/peut-être [pöhtätr]
bitte/danke	s'il vous plaît [ßil wu plä]/merci [märßih]
Gute(n)/Morgen!/Tag!/ Abend!/Nacht!	Bonjour! [bongschuhr]/Bonjour! [bongschuhr]/ Bonsoir! [bongßoar]/Bonne nuit! [bonn nüi]
Hallo!/Auf Wiedersehen!/ Tschüss!	Salut! [ßalü]/Au revoir! [o rövoar]/Salut! [ßalü]
Entschuldigung!	Pardon! [pardong]
Ich heiße ...	Je m'appelle ... [schö mapäll ...]
Ich komme aus ...	Je suis de ... [schö süi dö ...]
Darf ich ...?	Puis-je ...? [püi schö ...]
Wie bitte?	Comment? [kommang]
Ich möchte .../Haben Sie?	Je voudrais ... [schö wudrä]/Avez-vous? [aweh wu]
Wie viel kostet ...?	Combien coûte ...? [kombjäng kuht ...?]
Das gefällt mir (nicht).	Ça (ne) me plaît (pas). [ßa (nö) mö plä (pa)]
gut/schlecht/kaputt	bon [bong]/mauvais [mowä]/cassé [kaßeh]
zu viel/viel/wenig	trop [troh]/beaucoup [bokuh]/peu [pöh]
alles/nichts	tout [tuh]/rien [riäng]
Hilfe!/Achtung!	Au secours! [o ßökuhr]/Attention! [attangßjong]
Polizei/Feuerwehr/ Krankenwagen	police [polиß]/pompiers [pompieh]/ ambulance [ambülangß]

DATUMS- & ZEITANGABEN

Montag/Dienstag	lundi [längdi]/mardi [mardi]
Mittwoch/Donnerstag	mercredi [märcrödi]/jeudi [schödi]
Freitag/Samstag/ Sonntag	vendredi [vangdrödi]/samedi [ßamdi]/ dimanche [dimangsch]
Werktag/Feiertag	jour ouvrable [schur uwrabl]/jour férié [schur ferieh]
heute/morgen/gestern	aujourd'hui [oschurdüi] /demain[dömäng]/hier [jähr]
Stunde/Minute	heure [öhr]/minute [minüt]
Tag/Nacht/Woche	jour [schur]/nuit [nüi]/semaine [ßömän]
Monat/Jahr	mois [moa]/année [aneh]

Tu parles français?

„Sprichst du Französisch?" Dieser Sprachführer hilft Ihnen, die wichtigsten Wörter und Sätze auf Französisch zu sagen

Wie viel Uhr ist es?	Quelle heure est-t-il? [käl ör ät il]
Es ist drei Uhr.	Il est trois heures. [il ä troasör]
Es ist halb vier.	Il est trois heures et demi. [il ä troasör e dömi]
Viertel vor vier	quatre heures moins le quart [katrör moäng lö kar]
Viertel nach vier	quatre heures et quart [katrör e kar]

UNTERWEGS

offen/geschlossen	ouvert [uwär]/fermé [färmeh]
Eingang/Einfahrt	entrée [angtreh]
Ausgang/Ausfahrt	sortie [ßorti]
Abfahrt/Abflug/Ankunft	départ [depahr]/départ [depahr]/arrivée [arriweh]
Toiletten/Damen/Herren	toilettes [toalett]/femmes [famm]/hommes [omm]
(kein) Trinkwasser	eau (non) potable [o (nong) potabl]
Wo ist ...?/Wo sind ...?	Où est ...? [u ä ...]/Où sont ...? [u ßong ...]
links/rechts	à gauche [a gohsch]/à droite [a droat]
geradeaus/zurück	tout droit [tu droa]/en arrière [ong arriähr]
nah/weit	près [prä]/loin [loäng]
Bus/Straßenbahn/ U-Bahn/Taxi	bus [büß]/tramway [tramwäi]/métro [mehtro]/taxi [takßi]
Haltestelle/Taxistand	arrêt [arrä]/station de taxi [ßtaßjong dö takßi]
Parkplatz/Parkhaus	parking [parking]
Stadtplan/[Land-]Karte	plan de ville [plang dö vil]/carte routière [kart rutjähr]
Bahnhof/Hafen/Flughafen	gare [gahr]/port [pohr]/aéroport [aeropohr]
Fahrplan/Fahrschein	horaire [orär]/billet [bije]
einfach/hin und zurück	aller simple [aleh ßämpl]/aller-retour [aleh rötuhr]
Zug/Gleis/Bahnsteig	train [träng]/voie [woa]/quai [käh]
Ich möchte ... mieten.	Je voudrais ... louer. [schö wudräh... lueh]
ein Auto/ein Fahrrad/ ein Boot	une voiture [ün woatür]/un vélo [äng weloh]/ un bateau [äng batoh]
Tankstelle	station d'essence [ßtaßjong deßangß]
Benzin/Diesel	essence [eßangß]/diesel [diesäl]
Panne/Werkstatt	panne [pann]/garage [garahsch]

ESSEN & TRINKEN

Die Speisekarte, bitte.	La carte, s'il vous plaît. [la kart ßil wu plä]
Könnte ich bitte ... haben?	Puis-je avoir ... s'il vous plaît? [püischö awoar ... ßil wu plä]
Flasche/Karaffe/Glas	bouteille [buteij]/carafe [karaf]/verre [wär]
Messer/Gabel/Löffel	couteau [kutoh]/fourchette [furschät]/cuillère [küijär]
Salz/Pfeffer/Zucker	sel [ßäl]/poivre [poawr]/sucre [ßükr]

Essig/Öl	vinaigre [winägr]/huile [üil]
Milch/Sahne/Zitrone	lait [lä]/crême [kräm]/citron [ßitrong]
kalt/versalzen/nicht gar	froid [froa]/trop salé [tro ßaleh]/pas cuit [pa küi]
mit/ohne Eis/Kohlensäure	avec [awäk]/sans [ßang] glaçons/gaz [glaßong/gaß]
Vegetarier(in)	végétarien(ne) [weschetarijäng/weschetarijänn]
Ich möchte zahlen, bitte.	Je voudrais payer, s'il vous plaît. [schön wudrä pejeh, ßil wu plä]
Rechnung/Quittung	addition [adißjong]/reçu [rößü]

EINKAUFEN

Apotheke/Drogerie	pharmacie [farmaßi]/droguerie [drogöri]
Bäckerei/Markt	boulangerie [bulangschöri]/marché [marscheh]
Einkaufszentrum	centre commercial [ßangtre komerßial]
Kaufhaus	grand magasin [grang magasäng]
100 Gramm/1 Kilo	cent grammes [ßang gramm]/un kilo [äng kilo]
teuer/billig/Preis	cher [schär]/bon marché [bong marscheh]/prix [pri]
mehr/weniger	plus [plüß]/moins [moäng]
aus biologischem Anbau	de l'agriculture biologique [dö lagrikültür bioloschik]

ÜBERNACHTEN

Ich habe ein Zimmer reserviert.	J'ai réservé une chambre. [scheh reserweh ün schangbr]
Haben Sie noch ...?	Avez-vous encore ...? [aweh wusangkor ...]
Einzel-/Doppelzimmer/	chambre simple/double [schangbr ßämplö/dublö]
Frühstück	petit déjeuner [pöti deschöneh]
Halbpension/Vollpension	demi-pension [dömi pangßjong]/pension complète [pangßjong komplät]
Dusche/Bad	douche [dusch]/bain [bäng]
Balkon/Terrasse	balcon [balkong] /terrasse [teraß]
Schlüssel/Zimmerkarte	clé [kleh]/carte magnétique [kart manjetik]
Gepäck/Koffer/Tasche	bagages [bagahsch]/valise [walis]/sac [ßak]

BANKEN & GELD

Bank/Geldautomat/ Geheimzahl	banque [bangk]/guichet automatique [gischeh otomatik]/code [kodd]
bar/Kreditkarte	comptant [komtang]/carte de crédit [kart dö kredi]
Banknote/Münze	billet [bijeh]/monnaie [monä]

GESUNDHEIT

Arzt/Zahnarzt/Kinderarzt	médecin [medßäng]/dentiste [dangtißt]/pédiatre [pediatrö]
Krankenhaus/Notfallpraxis	hôpital [opital]/urgences [ürschangß]

Fieber/Schmerzen	fièvre [fiäwrö]/douleurs [dulör]
Durchfall/Übelkeit	diarrhée [diareh]/nausée [noseh]
Sonnenbrand	coup de soleil [ku dö ßolej]
entzündet/verletzt	enflammé [angflameh]/blessé [bleßeh]
Pflaster/Verband	pansement [pangßmang]/bandage [bangdahsch]
Salbe/Schmerzmittel	pommade [pomad]/analgésique [analschesik]

TELEKOMMUNIKATION & MEDIEN

Briefmarke	timbre [tämbrö]
Brief/Postkarte	lettre [lätrö]/carte postale [kart poßtal]
Ich brauche eine Telefonkarte fürs Festnetz.	J'ai besoin d'une carte téléphonique pour fixe. [scheh bösoäng dün kart telefonik pur fiekß]
Ich suche eine Prepaidkarte für mein Handy.	Je cherche une recharge pour mon portable. [schö schärsch ün röscharsch pur mong portablö]
Wo finde ich einen Internetzugang?	Où puis-je trouver un accès à internet? [u püische truweh äng akßä a internet]
wählen/Verbindung/besetzt	composer [komposeh]/connection [konekßiong]/occupé [oküpeh]
Steckdose/Ladegerät	prise électrique [pris elektrik]/chargeur [scharschör]
Computer/Batterie/Akku	ordinateur [ordinatör]/batterie [battri]/accumulateur [akümülatör]
At-Zeichen	arobase [arobaß]
Internet-/E-Mail-Adresse	adresse internet/mail [adräß internet/mejl]
Internetanschluss/WLAN	accès internet [akßä internet]/wi-fi [wifi]
E-Mail/Datei/ausdrucken	mail [mejl]/fichier [fischjeh]/imprimer [ämprimeh]

FREIZEIT, SPORT & STRAND

Strand	plage [plahsch]
Sonnenschirm/Liegestuhl	parasol [paraßol]/transat [trangßat]
Ebbe/Flut/Strömung	marée basse [mareh baß]/marée haute [mareh ot]/courant [kurang]
Seilbahn/Sessellift	téléphérique [teleferik]/télésiège [teleßiäsch]
Schutzhütte/Lawine	refuge [röfüsch]/avalanche [avalangsch]

ZAHLEN

0	zéro [sero]	8	huit [üit]
1	un, une [äng, ühn]	9	neuf [nöf]
2	deux [döh]	10	dix [diß]
3	trois [troa]	20	vingt [väng]
4	quatre [katr]	100	cent [ßang]
5	cinq [ßänk]	1000	mille [mil]
6	six [ßiß]	½	un[e] demi[e] [äng/ühn dömi]
7	sept [ßät]	¼	un quart [äng kar]

CITYATLAS

Verlauf der Erlebnistour „Perfekt im Überblick"
Verlauf der Erlebnistouren

Der Gesamtverlauf aller Touren ist auch in der herausnehmbaren Faltkarte eingetragen

 Bild: Monte Carlo, von Roquebrune aus gesehen

Unterwegs in Nizza

Die Seiteneinteilung für den Cityatlas finden Sie auf dem hinteren Umschlag dieses Reiseführers

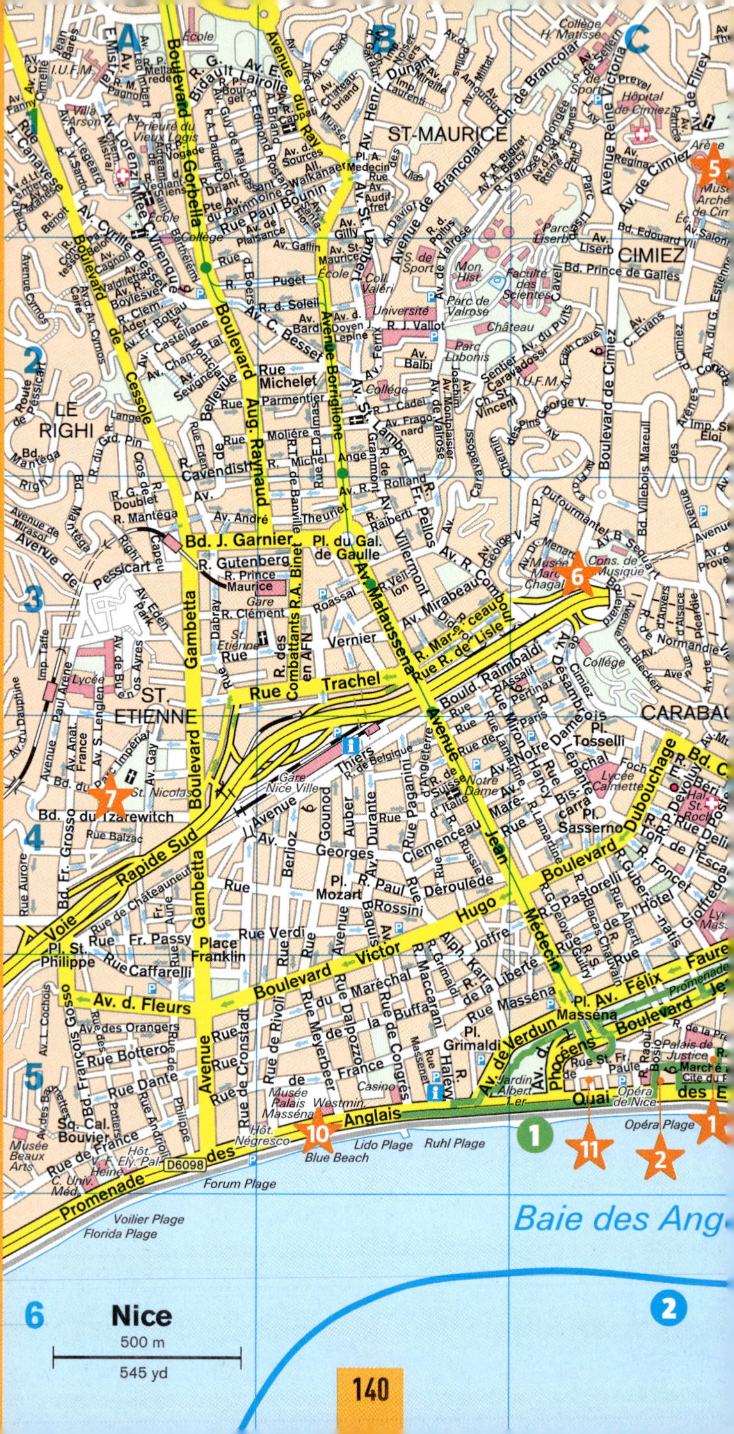
Nice
500 m
545 yd
A
B
C
1
2
3
4
5
6
ST-MAURICE
CIMIEZ
LE RIGHI
ST. ETIENNE
CARABAC
Baie des Ang
Boulevard Gorbella
Boulevard de Cessole
Boulevard Gambetta
Avenue Gambetta
Boulevard Aug. Raynaud
Avenue Borriglione
Av. Malausséna
Avenue Jean Médecin
Boulevard de Cimiez
Avenue Reine Victoria
Av. de Cimiez
Avenue de Brancolar
Ch. de Brancolar
Avenue du Ray
Av. St. Lambert
Bd. J. Garnier
Pl. du Gal. de Gaulle
Rue Trachel
Voie Rapide Sud
Bd. du Tzarewitch
Boulevard Victor Hugo
Av. d. Fleurs
Rue de France
Promenade des Anglais
Quai des États-Unis
Pl. Masséna
Av. de Verdun
Bd. Dubouchage
Pl. Franklin
Pl. Mozart
Gare Nice Ville
Université
Parc de Valrose
Musée Marc Chagall
Cons. de Musique
Musée Palais Masséna
Hôt. Négresco
Casino
Opéra de Nice
Opéra Plage
Lido Plage
Ruhl Plage
Blue Beach
Forum Plage
Voilier Plage
Florida Plage
Musée Beaux Arts
Bd. Prince de Galles
Lycée Calmette
Jardin Albert 1er
D6098

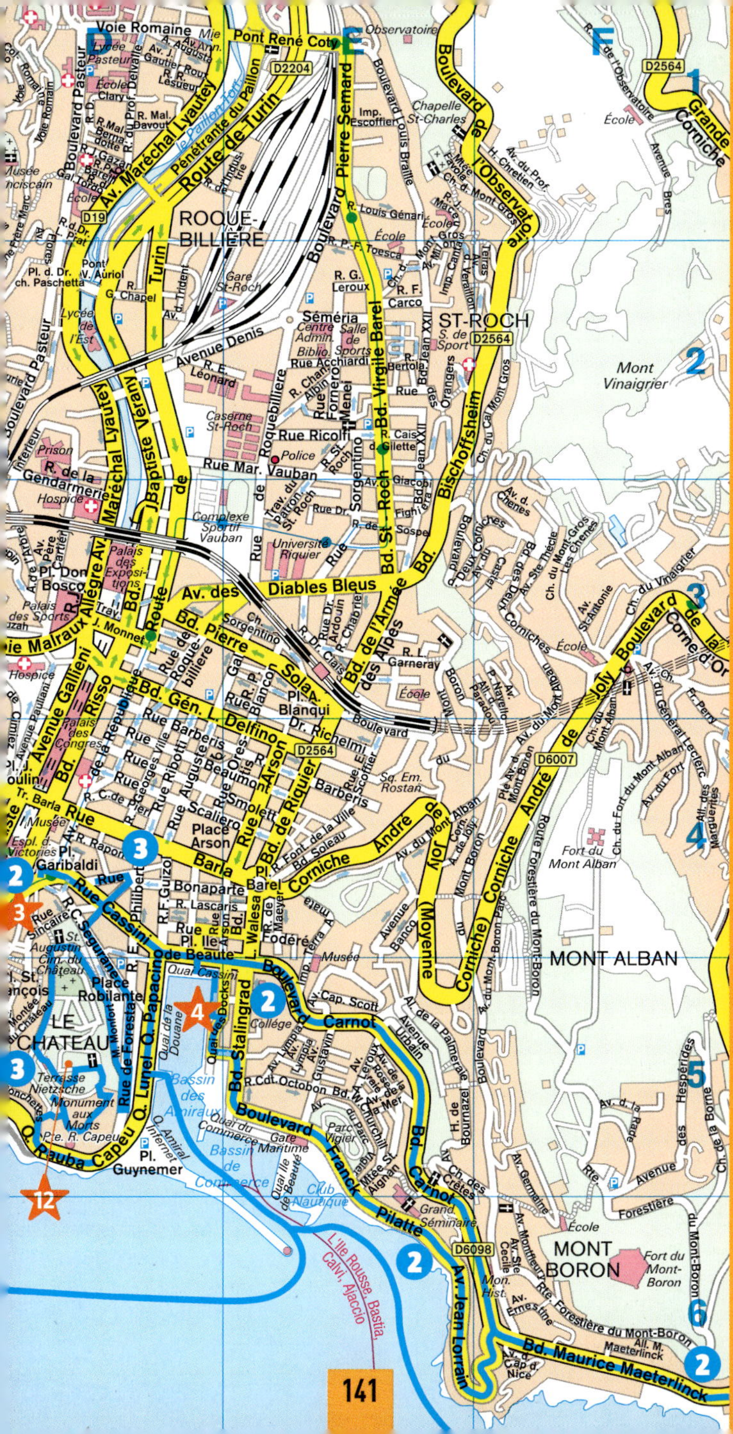
D
E
F
1
2
3
4
5
6
Voie Romaine
Pont René Coty
Observatoire
D2204
D2564
Grande Corniche
Boulevard de l'Observatoire
Boulevard Pierre Semard
Boulevard Louis Braille
Chapelle St-Charles
Imp. Escoffier
Lycée Pasteur
École
Clary
Boulevard Pasteur
Voie Romain
Av. Maréchal Lyautey
Pénétrante du Paillon
Route de Turin
le Paillon
D19
Musée Franciscain
École
ROQUE-BILLIÈRE
Gare St-Roch
R. Louis Génari
R. P.-F. Toesca
R. G. Leroux
R. F. Carco
Lycée de l'Est
Pont V. Auriol
Pl. d. Dr. ch. Paschetta
R. Gal Chapel
Av. d. Trident
Avenue Denis
Séméria
Centre Admin. Biblio.
Salle de Sports
Rue Acchiardi
ST-ROCH
S. de Sport
Bd. Virgile Barel
Mont Vinaigrier
R. E. Léonard
Caserne St-Roch
Rue Ricolfi
Police
Rue Mar. Vauban
Prison
R. de la Gendarmerie
Hospice
Maréchal Lyautey
Baptiste Vérany
Boulevard Bischoffsheim
Orangers
Complexe Sportif Vauban
Université Riquier
Rue de Roquebillière
Rue Sorgentino
Bd. St-Roch
Av. d. Chênes
Boulevard des Deux Corniches
Palais des Expositions
Pl. Don Bosco
Palais des Sports
Av. des Diables Bleus
Bd. de l'Armée des Alpes
Bd. Pierre Sola
Allègre Av.
Route de Turin
Bd. Malraux
J. Monnet
Hospice
Avenue Gallieni
Bd. Risso
Palais des Congrès
Bd. Gén. L. Delfino
Rue Barberis
Pl. A. Blanqui
Dr. Richelmi
Boulevard
D2564
Rue Arson
Bd. de Riquier
Sq. Em. Rostan
Boulevard de la Corniche
D6007
Boulevard André de Joly
Fort du Mont Alban
Rue Scaliero
Place Arson
Rue Smolett
Barla
Rue Barla
Musée
Espl. d. Victoires
Pl. Garibaldi
Rue Bonaparte
Rue Cassini
Rue Lascaris
Pl. Ile de Beauté
Rue Fodéré
Corniche André de Joly
(Moyenne Corniche)
Route Forestière du Mont-Boron
MONT ALBAN
Musée
St. Augustin
Cim. du Château
Place Robilante
LE CHÂTEAU
Terrasse Nietzsche
Monument aux Morts
Quai Cassini
Quai des Docks
Bd. Stalingrad
Boulevard Carnot
Collège
Av. Cap. Scott
Quai de la Douane
Bassin des Amiraux
Rue de Foresta
Q. Lunel
Q. Papacino
Q. Rauba Capeu
Pte. R. Capeu
Pl. Guynemer
Q. Amiral Infernet
Quai du Commerce
Gare Maritime
Bassin de Commerce
Quai Ile de Beauté
Club Nautique
Boulevard Franck Pilatte
Bd. Carnot
Parc Vigier
Grand Séminaire
L'Ile Rousse, Bastia, Calvi, Ajaccio
D6098
Av. Jean Lorrain
MONT BORON
Fort du Mont-Boron
Route Forestière du Mont-Boron
Bd. Maurice Maeterlinck
Cap d. Nice
Mon. Hist.
École
Av. des Hespérides
Avenue Forestière

Cannes
250 m
273 yd
Baie de Cannes
Vieux Port
Plage du Midi
Quai Croisière
LES VALLERGUES
LE PETIT JUAS
ST-NICOLAS
CENTRE-CROISETTE
LES SUQUET
Boulevard Carnot
Bd. du Ferrage
Av. B.-S. Boualam
Av. des Anciens-Cbts-d'AFN
Avenue de Grasse
Rue Borniol
Bd. du Riou
Bd. Vallombrosa
Bd. de la République
Boulevard de la Croisette
Palais des Festivals
Espace Riviera
Quai St-Pierre
Bd. J. Hibert
Square J. Hibert
Quai M. Laubeuf
Jetée Albert Edouard
Prom. de la Pantiero
All. de la Liberté
Tour du Suquet
Musée de la Castre
Square Mérot
Square Brougham
Pl. du 18 Juin
Pl. du Suquet
Gare Routière
Lycée Jules Ferry
Collège des Vallergues
Palais de Justice
Rue d'Antibes
Rue Meynadier
Rue Félix Faure
Rue Georges Clemenceau
D6285
D6007
D6098
D3
A
B
C
1
2
3
4
5
6
14

D
E
F
LA PEYRIÈRE
Vallauris
D803
Avenue de Lorraine
LES GABRES
LA BAUME
Avenue du Maréchal Juin
D6007
D6098
la Croisette
Boulevard du Général Vautrin
Boulevard Alexandre III
Jardin Alexandre III
POINTE CROISETTE
Port Pierre Canto
Capitainerie
Stade des Hespérides
Boulevard de la Croisette
Boulevard Eugène Gazagnaire
Port du Mourre Rouge
Plage du Mourre Rouge
Bijou-Plage
Port du Palm Beach
Place F.D. Roosevelt
PALM BEACH
Pointe de la Croisette
Iles des Lérins
Parc Fr. André
Complexe Sportif Montfleury
Collège Capron
Notre-Dame des Pins
Égl. Orthodoxe
Chapelle St-Georges
Trinity Church
Observatoire
14
1
2
3
4
5
6

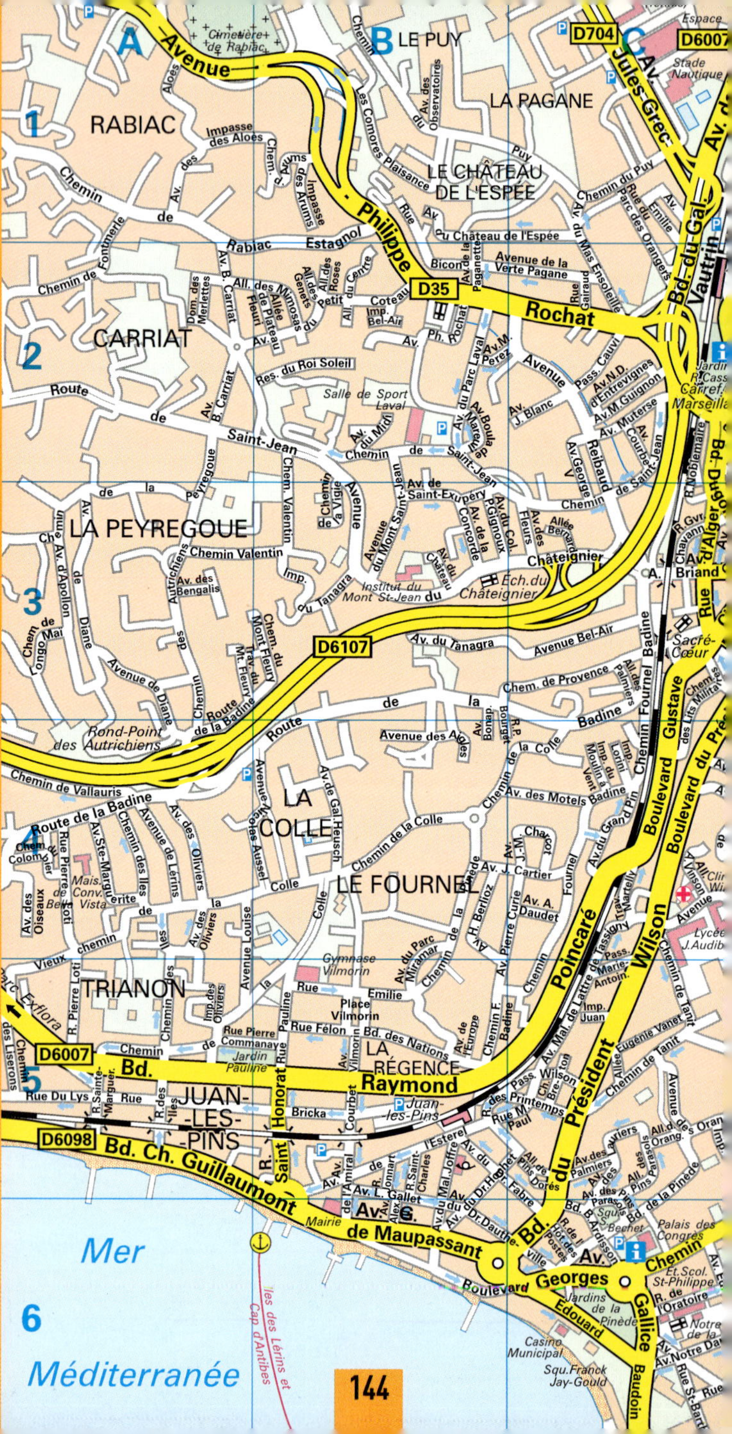
A
B
C
1
2
3
4
5
6
LE PUY
LA PAGANE
RABIAC
LE CHÂTEAU DE L'ESPÉE
CARRIAT
LA PEYREGOUE
LA COLLE
LE FOURNEL
TRIANON
LA RÉGENCE
JUAN-LES-PINS
Cimetière de Rabiac
Avenue Philippe Rochat
D704
D6007
D35
D6107
D6098
Stade Nautique
Chemin de Rabiac Estagnol
Impasse des Aloès
Impasse des Arums
Chemin du Puy
Bd. du Gal. Vautrin
Av. Jules Grec
Route de Saint-Jean
Chemin de Saint-Jean
Salle de Sport Laval
Chemin Valentin
Institut du Mont St-Jean
Éch. du Châteignier
Av. du Tanagra
Avenue Bel-Air
Chem. de Provence
Route de la Badine
Rond-Point des Autrichiens
Chemin de Vallauris
Avenue des Aigles
Chemin de la Colle
Av. des Motels
Boulevard Gustave Chancel
Boulevard Wilson
Boulevard du Président Poincaré
Bd. Raymond Poincaré
Gymnase Vilmorin
Place Vilmorin
Parc Exflora
Jardin Pauline
Rue Pauline
Rue Honorat
Juan-les-Pins
Bd. Ch. Guillaumont
Av. G. de Maupassant
Mairie
Boulevard Edouard Baudoin
Av. Georges Gallice
Jardins de la Pinède
Casino Municipal
Squ. Franck Jay-Gould
Palais des Congrès
Et. Scol. St-Philippe
Lycée J. Audiberti
Sacré-Cœur
Mer Méditerranée
Îles des Lérins et Cap d'Antibes

Antibes
250 m
273 yd
D
E
F
1
2
3
4
5
Stade du Fort Carré
Fort Carré
Chantier Naval
D6098
11-Novembre
Quai Eric Tabarly
Sentier Piétonnier du Fort Carré
Quai de la Grande Plaisance
Port Vauban
Chapelle St-Roch
Quai d'Honneur
Capitainerie
Esplanade E. Picardi
Quai H. Rambaud
Quai des Évadés de Guerre
Quai des Comb. en Afrique du Nord
Quai de la 1ère Div. Franç. Libre
Vieux Port
Quai du Corps Expéditionnaire Français en Italie
École P. Arène
Av. de Verdun
Squ. du 8 Mai 1945
Quai des Pêcheurs
Pl. Malespine
Plage de la Gravette
R. des Saleurs
Pl. du Revely
Hôt. d. Ville
R. des Arceaux
Cathédrale Immaculée Conception
Chât. Grimaldi Musée Picasso
13
Musée de la Tour
Musée Peynet
Cours Masséna
R. Sade
R. Thuret
R. Aubernon
R. de la République
Carnot
R. Fontvieille
Ctre d'Aide R. de Toxico.
Av. Mirabeau
Carrf. des Diables Bleu
Foyer Bège âge
Av. Pasteur
R. E. Macé
Av. P. Doumer
Ec. Guynemer
Rue de la Gal. Vandenberg
Gal. Gaulle
Gare du Routière
R. des Palmiers
Migrainier
R. Clemenceau
R. du Bas Cast.
Prom. de l'Amiral
R. du Haut Castelet
Caserne Gazan
Av. Pasteur
Bd. Albert 1er
Bd. Maréchal Foch
Av. Guillabert
Av. Niquet
Av. Lemeray
Av. Gazan
Av. Rostan
Av. Maizière
Av. Barquier
Bastion St-André Musée d'Archéologie
Square Élie Levy
Square Albert 1er
Av. Dau-del
Adrien et Henri Roustan
Avenue G. Bourgois
Imp. des Roses
Imp. J. Mensier
Av. de l'Îlette
Av. du Gal. Baron Vial
Ec. le Pontet
Av. Saint-Donatien
Av. E. Salvy
Av. de l'Orangerie
Bd. Mal. Leclerc
Pointe de l'Îlet
Plage du Ponteil
Pointe de Pendus
Mer Méditerranée
Avenue des Chênes
All. des Marronn.
Av. des Cèdres
Avenue des Mûriers
du Bosquet
Traverse du Record
Trav. des Iris
Imp. Rinaudo
Imp. Œillets
Trav. des Bougainvilles
Chemin des Lauriers
Imp. des Coquelicots
M. Mauray
Boulevard James Wyllie
Plage de la Salice
Port de la Salice
Pointe Grenille
Plage de la Garoupe
Boulevard de Bacon
D2559
Hôp. de Jour Lenval
Chem. de Guérande
Av. des Sables
Bd. du Cap
Boulevard du Cap
Av. de Laverne
Chem. de l'Oustal Doré
Allée des Sables
Avenue du Comm. Garbe
LA SALIS
Crouton
All. des Palmiers
All. des Églantiers
Trav. de la Plage
Av. de l'Ermitage
Av. du Rusquet
Av. de la Salisette
Chemin de l'Ermitage
Av. d'Oran
Av. d'Alger
Rue de Constantin
Salis
BACON
Chemin du Calvaire
Boulevard
Imp. Sauvagette
Av. H. Duvernois
Imp. du Jonquet
Av. J. Verne
Av. Guy de Maupassant
Av. des Chênes Verts
Av. G. Cuvier
Gardiole Bacon
Av. Jonquet
Pins du Cap
Bd. de Bacon
NOTRE-DAME
Chapelle Notre Dame de Bon Port
Phare de la Garoupe
Aimé Bourreau
Av. Boué de Lapeyrère
SARAMARTEL
Chemin du Parc Saramartel
All. des Mouettes
All. d. Fleurs
Inst. National de Recherches Agronomiques
Avenue Tamisier

A
B
C
1
2
3
4
5
6
F R
GRIMA
MONEGHETTI
LA CONDAMINE
MONACO
FONTVIEILLE
CAP-D'AIL
Route de la Moyenne Corniche
D6007
Boulevard du Jardin Exotique
Boulevard Charles III
Bd. Rainier III
Bd. Albert 1er
Bd. Princesse Charlotte
Bd. des Moneghetti
Bd. des Anciens Combattants
Bretelle Auréglia
Avenue d'Ostende
Port Hercule
Port de Fontvieille
Stade Louis-II
Hôpital
Héliport
Jardin Exotique
Gare SNCF
Pl. d'Armes
Pl. du Palais
Palais Princier
Pl. Ste Dévote
Pl. du Canton
Pl. du Campanile St. Nicolas
Pl. de la Visitation
Cathédrale
Musée Océanographique
Pointe Ste-Barbe
Pointe St-Martin
Pointe de la Poudrière
Jardins St-Martin
Stade Nautique Rainier III
Radio Monte Carlo
Gare de Monaco
Espace Fontvieille
Parc Paysager de Fontvieille
Parc Princesse Antoinette
Reservoir
15
Monaco
250 m
273 yd
Nice, Antibes, Cannes

D
E
F
1
2
3
4
5
6
C E
Mont des Mules
D6007
Av. d. Prés. Kennedy
Rte. d.Ténao
Chemin
Boulevard
Reservoir
Cité du Souvenir Français
Romain
Gynemer
ROQUE-BRUNE
LA NOIX
TÉNAO
Rousse
Ch. d. la Rousse
Ruelle d. Ténao
Chemin du Ténao
Av. Delphine
Bd. du Ténao
Lacets
Bd.
R. des Giroflées
Rte des Serres
Bd.
Gynemer
Lycée Technique et Hôtelier
Corniche
Bd. de la Turbie
Riviera Palace
Allée d. Souvenir Français
Av. de Verdun
R. des Orchidées
Boulevard
d'Italie
Larvotto
Grace
Sea - Club
Pl. R. Raynal
Pl. de la Libération
Mairie
Carnier
Foch
Bd. de la République
Av. de Gaulle
France
Pl. des Moulins
LARVOTTO
Boulevard des Moulins
du
Princesse
Musée National
Bretagne
Jardins Larvotto
Plages du Larvotto
Sporting Club d'Eté
Forum Grimaldi
R. St-Jean
Av. de Grande
St-Charles
Marché
Ec.
Av. des Citronniers
Charlotte
Boulevard
O.T.
C. C.ile Métropole
Al. des Boulingrins
Av. de la Madone
Av. des Spélugues
Boulevard
Avenue
Jardin Japonais
MONTE CARLO
Sporting Club d'Hiver
Jardins du Casino
Place du Casino
Casino
Salle Garnier
Av. de Monte Carlo
Complexe des Spélugues
Centre de Congrès Auditorium Rainier - III
Circuit de Monaco
ZOO
Avenue
Av. du Port
R. des Açores
R. Saige
Théâtre des Variétés
Bd. Albert 1er
Quai Albert 1er
Port Hercule
15
Palais Princier
Centre d'Acclim. Zoologique
Rampe Major
de
Avenue
Salle d'Exposition
Quai Antoine 1er
de
la
Musée des Souv. Napoléoniens
Place du Palais
Promenade Ste Barbe
Rue Musée
des Remparts
Porte
Quarantaine
Neuve
Rue Comte F. Gastaldi
Rue Basse
Pl. des Carmes
R. N.-D. de Lorète
R. Ph.
Florence
Biblio.
Ministère d'État
R. M. de Lorraine
Pl. de la Visitation
Rle Ste Barbe
R. Bellando de Castro
Cons. Nat.
Rue Emile de Loth
Église
Pl. St-Nicolas
Cathédrale
Pl. de la Mairie
Mairie
Lycée Albert 1er
Chap. de la Visitation
Av. des Pins
Martin
Saint
Palais de Justice
R. de Castro
R. de l'Abbaye
R. Ste Dévote
Avenue
Musée Océanographique
100 m
109 yd
MONACO

A
B
C
1
2
3
4
5
6
Estéron Rivière
Saint-Valentin
les Ferres
Gilette
Conségudes
Gréolières-les-Neiges
Saint Pons
le Touron
Bouyon
Saint Martin-du-Var
Saint-Germain
le Broc
la Roquette sur-Var
Croix de Verse
la Colle
Bezaudun-les-Alpes
les Combes
Coursegoules
Saint-Pons
Montagne du Chiers
Carros
Corniche du Var
le Méou
Bastide de Vescagne
Mouton d'Anou
Colle de Puey Subert
Bois de Garavagne
Bastide de Vescagne
Carros-le-Neuf
Signal de Perséguier
les Selves
Gattières
Super-Gattières
Bramafan
Col de Vence
Source de Riou
Saint Jeannet
le Manda
Coloma
les Cappans
Bellet
Saint Pierre
Cascade de Courmes
Saut du Loup
Courmes
Gorges du Loup
Saint-Arnoux
Pic de Courmettes
Château N.D. des Fleurs
Vence
la Gaude
Chapelle du Rosaire
Saint Michel
Pont du Loup
Gourdon
Tourrettes-sur-Loup
Fondation Maeght
Sainte Pétronille
Nice-Saint Isidore
Allianz Riviera
le Bosquet
le Loup Rivière
Vallon du Clarel
Saint Paul
le Bar-sur-Loup
Château du Rouret
la Colle-sur-Loup
Saint-Laurent-du-Var
Rouret
Roquefort-les-Pins
CAGNES-sur-Mer
Grasse
le Collet
Château Mougins
la Grange Rimade
Notre Dame de Protection
Grimaldi
Saint Laurent du Var
Nice-Saint Augustin
San Peyre
les Maillans
le Plan
Villeneuve-Loubet
Cagnes-sur-Mer
les Chauves
Château de la Bégude
Tour de la Madone
Moulin du Loup
CROS-DE-CAGNES
NCE
Nice
Notre-Dame du Brusc
Ville Bruc
le Terme Blanc
Villeneuve-Loubet
Flory
Hippodrome
le Campon
Valbonne
Saint-Julien
Bouches du Loup
Bouches du Loup
Marina Baie des Anges
les Groulles
les Peyrouos
Bois de Valbonne
les Soullières
Biot
Villeneuve-Loubet-Plage
les Castelaras
le Val Martin
les Clausonnes
Musée Fernand Léger
Baie
Sophia Antipolis
Funel Château
Aquasplash
Marineland
La Provençale
SUPER-ANTIBES
LA BRAGUE
la Peyrière
Moulin du Roy
LES BREGUIÈRES
Saint Basile
Antibes-Est
LA FONTONNE
Mougins
LES COMBES
Fort Carré
Saint-Barthélemy
Antibes Ouest
LES SEMBOULES
Pibonson
Sambourès
SAINT-JEAN
Anse Saint-Roch
Mougins
Saint-Maymes
FONTMERLE
ANTIBES
les Bréguières
LE CANNET
Vallauris
Lauvert
Musée
LE CLAUS
le Pezou
Anse de la Salis
ROCHEVILLE
TERREFIAL
Golfe-Juan
JUAN-LES-PINS
LA SALIS
Pointe Bacon
SUPER-CANNES
Plateau de la Garoupe
Croix des Gardes
SAINT-NICOLAS
Observatoire de Super-Cannes
LA GARDIOLE
Jardin Thuret
Plage de la Garoupe
Musée Lycklama
Palais des Festivals
LES GABRES
Golfe Juan
LES NIELLES
Cap Gros
Hotel du Cap
LA GAROUPE
LE SUQUET
Château de la Croé
Bd de la Croisette
Villa Eilenroc
CANNES
la Formigue
Cap d'Antibes
Palm-Beach Casino
Pointe de la Croisette
Pointe de la Convention
Pointe Bataignier
Ile Sainte Marguerite
Golfe de la Napoule
Plateau du Milieu
Iles de Lérins
Pointe Barbier
Abbaye de Lérins
Ile Saint Honorat
Saint Honorat
Côte
D3
D2
D6
D2210
D6
D36
D2085
D4
D6007
D6098
E80
A 8
D2209
D2210
D6202
D6202B
D218
D6007

D
E
F
Col de Castillon
Castillon
Bendejun
Berre-des-Alpes
l'Escarène
Col de Nice
Mont Méras
Vieux Castillon
Mont Ours
Laval
Rémonan
le Vignal
Contes
Sclos de Contes
Sainte Brigitte
Gorges du Paillon
Col des Banquettes
Menton
Castellar
Blaise
Châteauneuf-Villevieille
le Gravé
la Vernea
Blausasc
Pic de Baudon
Peille
Sainte Agnes
les Mouchettes
Plan d'Arriou
Châteauneuf
la Grave-de-Peille
Saint-Pancrace
Gorbio
La Provençale
la Pointe de Contes
Mont Macaron
Peillon
Roquebrune
Cap-Martin
Saint-Michel
Sainte Thècie
la Bégude
Bourgueas
Monte Gros
Cantaron
Châteauvieux
les Croves
Scoperta
Roquebrune/Cap Martin
Saint Sébastien
Château de Drap
Laghet
la Turbie
Beausoleil
Cabbé
Cap Martin
Saint André
Drap
Monaco
Trophée les Alpes
Jardin Exotique
MONTE-CARLO
Falicon
Saint Michel
Nice Est
la Trinité
Eze
Circuit de Monaco
MONACO-VILLE
Musée Ocèanographique
Abbaye
CIMIEZ
Saint-Pons
Cemenelum
CARABACEL
Chagall
Nice Est
Mont Leuse
SAINT-ROCH
Cap-d'Ail
MONACO
Beaulieu-sur-Mer
Golfe de Saint-Hospice
Acropolis
Ste-Réparate
Villefranche-s-Mer
Musée Ile-de-France
Vivarium
Saint-Jean-Cap-Ferrat
Saint-Hospice
Rade
NICE
Cap Ferrat
A 8
A 500
E74
E80
D19
D15
D2204
D53
D6098
D6007
D2565
Anges
A z u r
d '
e
Bastia
Ile-Rousse
Calvi
Ajaccio
1
2
3
4
5
6
2 km
1.24 mi

Das Register enthält eine Auswahl der im Cityatlas dargestellten Straßen und Plätze

NIZZA

ANTIBES

KARTENLEGENDE

Autoroute Autobahn	Motorway Autosnelweg
Route à quatre voies Vierspurige Straße	Road with four lanes Weg met vier rijstroken
Route à grande circulation Fernstraße	Trunk road Weg voor interlokaal verkeer
Route principale Hauptstraße	Main road Hoofdweg
Autres routes Sonstige Straßen	Other roads Overige wegen
Rue à sens unique Einbahnstraße	One-way street Straat met eenrichtingsverkeer
Zone piétonne Fußgängerzone	Pedestrian zone Voetgangerszone
Information - Parking Information - Parkplatz	Information - Parking place Informatie - Parkeerplaats
Chemin de fer principal avec gare Hauptbahn mit Bahnhof	Main railway with station Belangrijke spoorweg met station
Autre ligne Sonstige Bahn	Other railway Overige spoorweg
Tramway avec station Straßenbahn mit Haltestelle	Tramway with stop Tram met halte
Église remarquable - Autre église Sehenswerte Kirche - Sonstige Kirche	Church of interest - Other church Bezienswaardige kerk - Andere kerk
Synagogue - Mosquée Synagoge - Moschee	Synagogue - Mosque Synagoge - Moskee
Monument - Auberge de jeunesse Denkmal - Jugendherberge	Monument - Youth hostel Monument - Jeugdherberg
Poste de police - Bureau de poste Polizeistation - Postamt	Police station - Post office Politiebureau - Postkantoor
Hôpital Krankenhaus	Hospital Ziekenhuis
Zone bâtie, bâtiment public Bebauung, öffentliches Gebäude	Built-up area, public building Woongebied, openbaar gebouw
Zone industrielle Industriegelände	Industrial area Industrieterrein
Parc, bois - Cimetière Park, Wald - Friedhof	Park, forest - Cemetery Park, bos - Kerkhof
MARCO POLO Tour d'aventure 1 MARCO POLO Erlebnistour 1	MARCO POLO Discovery Tour 1 MARCO POLO Avontuurlijke Route 1
MARCO POLO Tours d'aventure MARCO POLO Erlebnistouren	MARCO POLO Discovery Tours MARCO POLO Avontuurlijke Routes
MARCO POLO Highlight	MARCO POLO Highlight

FÜR IHRE NÄCHSTE REISE ...

ALLE **MARCO POLO** REISEFÜHRER

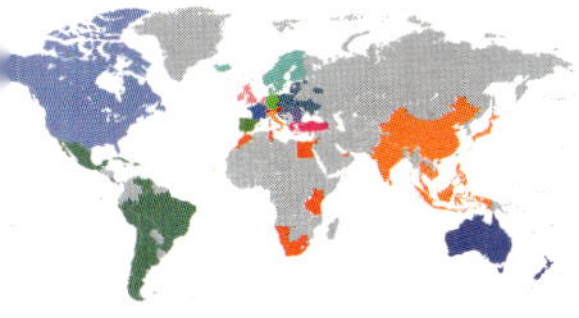

DEUTSCHLAND
Allgäu
Bayerischer Wald
Berlin
Bodensee
Chiemgau/Berchtesgadener Land
Dresden/Sächsische Schweiz
Düsseldorf
Eifel
Erzgebirge/Vogtland
Föhr & Amrum
Franken
Frankfurt
Hamburg
Harz
Heidelberg
Köln
Lausitz/Spreewald/Zittauer Gebirge
Leipzig
Lüneburger Heide/Wendland
Mecklenburgische Seenplatte
Mosel
München
Nordseeküste Schleswig-Holstein
Oberbayern
Ostfriesische Inseln
Ostfriesland/Nordseeküste Niedersachsen/Helgoland
Ostseeküste Mecklenburg-Vorpommern
Ostseeküste Schleswig-Holstein
Pfalz
Potsdam
Rheingau/Wiesbaden
Rügen/Hiddensee/Stralsund
Ruhrgebiet
Schwarzwald
Stuttgart
Sylt
Thüringen
Usedom
Weimar

ÖSTERREICH SCHWEIZ
Kärnten
Österreich
Salzburger Land
Schweiz
Steiermark
Tessin
Tirol
Wien
Zürich

FRANKREICH
Bretagne
Burgund
Côte d'Azur/Monaco
Elsass
Frankreich
Französische Atlantikküste
Korsika
Languedoc-Roussillon
Loire-Tal
Nizza/Antibes/Cannes/Monaco
Normandie
Paris
Provence

ITALIEN MALTA
Apulien
Dolomiten
Elba/Toskanischer Archipel
Emilia-Romagna
Florenz
Gardasee
Golf von Neapel
Ischia
Italien
Italienische Adria
Italien Nord
Italien Süd
Kalabrien
Ligurien/Cinque Terre
Mailand/Lombardei
Malta & Gozo
Oberital. Seen
Piemont/Turin
Rom
Sardinien
Sizilien/Liparische Inseln
Südtirol
Toskana
Venedig
Venetien & Friaul

SPANIEN PORTUGAL
Algarve
Andalusien
Barcelona
Baskenland/Bilbao
Costa Blanca
Costa Brava
Costa del Sol/Granada
Fuerteventura
Gran Canaria
Ibiza/Formentera
Jakobsweg Spanien
La Gomera/El Hierro
Lanzarote
La Palma
Lissabon
Madeira
Madrid
Mallorca
Menorca
Portugal
Spanien
Teneriffa

NORDEUROPA
Bornholm
Dänemark
Finnland
Island
Kopenhagen
Norwegen
Oslo
Schweden
Stockholm
Südschweden

WESTEUROPA BENELUX
Amsterdam
Brüssel
Dublin
Edinburgh
England
Flandern
Irland
Kanalinseln
London
Luxemburg
Niederlande
Niederländische Küste
Schottland
Südengland

OSTEUROPA
Baltikum
Budapest
Danzig
Krakau
Masurische Seen
Moskau
Plattensee
Polen
Polnische Ostseeküste/Danzig
Prag
Slowakei
St. Petersburg
Tallinn
Tschechien
Ungarn
Warschau

SÜDOSTEUROPA
Bulgarien
Bulgarische Schwarzmeerküste
Kroatische Küste Dalmatien
Kroatische Küste Istrien/Kvarner
Montenegro
Rumänien
Slowenien

GRIECHENLAND TÜRKEI ZYPERN
Athen
Chalkidiki/Thessaloniki
Griechenland Festland
Griechische Inseln/Ägäis
Istanbul
Korfu
Kos
Kreta
Peloponnes
Rhodos
Samos
Santorin
Türkei
Türkische Südküste
Türkische Westküste
Zákinthos/Itháki/Kefalloniá/Léfkas
Zypern

NORDAMERIKA
Chicago und die Großen Seen
Florida
Hawai'i
Kalifornien
Kanada
Kanada Ost
Kanada West
Las Vegas
Los Angeles
New York
San Francisco
USA
USA Ost
USA Südstaaten/New Orleans
USA Südwest
USA West
Washington D.C.

MITTEL- UND SÜDAMERIKA
Argentinien
Brasilien
Chile
Costa Rica
Dominikanische Republik
Jamaika
Karibik/Große Antillen
Karibik/Kleine Antillen
Kuba
Mexiko
Peru & Bolivien
Yucatán

AFRIKA UND VORDERER ORIENT
Ägypten
Djerba/Südtunesien
Dubai
Israel
Jordanien
Kapstadt/Wine Lands/Garden Route
Kapverdische Inseln
Kenia
Marokko
Namibia
Rotes Meer & Sinai
Südafrika
Tansania/Sansibar
Tunesien
Vereinigte Arabische Emirate

ASIEN
Bali/Lombok/Gilis
Bangkok
China
Hongkong/Macau
Indien
Indien/Der Süden
Japan
Kambodscha
Ko Samui/Ko Phangan
Krabi/Ko Phi Phi/Ko Lanta/Ko Jum
Malaysia
Nepal
Peking
Philippinen
Phuket
Shanghai
Singapur
Sri Lanka
Thailand
Tokio
Vietnam

INDISCHER OZEAN UND PAZIFIK
Australien
Malediven
Mauritius
Neuseeland
Seychellen

Viele MARCO POLO Reiseführer gibt es auch als eBook – und es kommen ständig neue dazu!
Checken Sie das aktuelle Angebot einfach auf: www.marcopolo.de/e-books

REGISTER

In diesem Register sind alle im Reiseführer erwähnten Sehenswürdigkeiten und Ausflugsziele aufgeführt, dazu die wichtigsten Straßen und Plätze. Gefettete Seitenzahlen verweisen auf den Haupteintrag.

SCHREIBEN SIE UNS!

Egal, was Ihnen Tolles im Urlaub begegnet oder Ihnen auf der Seele brennt, lassen Sie es uns wissen! Ob Lob, Kritik oder Ihr ganz persönlicher Tipp – die MARCO POLO Redaktion freut sich auf Ihre Infos.
Wir setzen alles dran, Ihnen möglichst aktuelle Informationen mit auf die Reise zu geben. Dennoch schleichen sich manchmal Fehler ein – trotz gründlicher Recherche unserer Autoren/innen. Sie haben sicherlich Verständnis, dass der Verlag dafür keine Haftung übernehmen kann.

MARCO POLO Redaktion
MAIRDUMONT
Postfach 31 51
73751 Ostfildern
info@marcopolo.de

IMPRESSUM
Titelbild: Hotel Negresco (gettyimages/Image Bank)
Fotos: Architectes : REICHEN et ROBERT et Associés, Jean-Paul GOMIS, BRANTE & VOLLENWEIDER, IN SITU (19 o.); W. Dieterich (4 u., 5, 8, 10, 20/21, 34, 40, 42, 44, 45, 50, 54, 57, 60 l., 64, 67, 69, 70/71, 72, 74, 80, 83, 100, 103, 108, 113, 116, 122, 122/123, 123, 124/125); gettyimages/Image Bank (1 o.); huber-images: M. Borchi (86/87), Friedel (121), Gräfenhain (110, 124, 138/139), J. Huber (114/115), G. Simeone (106/107); J. Kimpfler (1 u.); Laif: Amme (126 o.), Bungert (92), Gamma (125), Kristensen (Klappe r., 30), R. Marshall (119); Laif/hemis (17, 77); Laif/Polaris: G. Vauclair (18 u.); Laif/REA: J. Hanning (18 o.); mauritius images/Alamy (2, 12/13, 18 M., 19 u., 24, 36, 38/39, 52/53, 58, 85, 95, 127); mauritius images/Imagebroker: W. Dieterich (126 u.); mauritius images/Photononstop (22); mauritius images/Rubberball (3); T. Stankiewicz (Klappe l., 4 o., 6, 7, 9, 11, 14/15, 26/27, 32, 47, 49, 60 r., 61, 62/63, 78/79, 85, 98/99, 104)

5. Auflage 2016
Komplett überarbeitet und neu gestaltet

Chefredaktion: Marion Zorn
Autorinnen: Jördis Kimpfler, Muriel Kiefel; Redaktion: Arnd M. Schuppius
Verlagsredaktion: Susanne Heimburger, Tamara Hub, Nikolai Michaelis, Kristin Schimpf, Martin Silbermann
Bildredaktion: Gabriele Forst; Im Trend: wunder media, München; Jördis Kimpfler
Kartografie Reiseatlas und Faltkarte: © MAIRDUMONT, Ostfildern
Gestaltung Cover, S. 1, S. 2/3, Faltkartencover: Karl Anders – Büro für Visual Stories, Hamburg; Gestaltung innen: milchhof:atelier, Berlin; Gestaltung Erlebnistouren: Susan Chaaban Dipl.-Des. (FH)
Sprachführer: in Zusammenarbeit mit Ernst Klett Sprachen GmbH, Stuttgart, Redaktion PONS Wörterbücher

BLOSS NICHT

Tipps für ein ganz entspanntes, stressfreies Urlaubsvergnügen

WEINSCHORLE BESTELLEN

In Frankreich grenzt Weinkultur beinahe an Religion, und so gibt es einen wichtigen Grundsatz: Sie sollten den Gottesnektar nicht mit Wasser vermischen, ihn schon gar nicht so bestellen und eine Weinschorle erst daheim wieder genießen.

KLEINE PARKLÜCKEN WÄHLEN

Für Franzosen hat das Auto nicht den Wert wie für Deutsche. Nutzen Sie daher nicht die besonders engen Parklücken. Auch wenn Sie selbst beim Einparken zentimetergenauen Abstand halten, Ihr Vorder- oder Hintermann sieht das möglicherweise nicht so eng.

BADESCHUHE VERGESSEN

Nizzas Strände sind Steinstrände. Das Wasser ist dadurch zwar klar und blau – aber die Füße müssen leiden. Der Weg vom Handtuch zum Wasser? Mit Badeschlappen kein Problem!

AUTOTÜREN UNVERRIEGELT LASSEN

Wenn Sie an der roten Ampel keinen Besuch bekommen möchten: immer die Autotüren von innen verriegeln! Eine beliebte Falle von Trickdieben ist Taschenstehlen aus stehenden Autos.

MITTAGS SHOPPEN GEHEN

Die Mittagspause ist heilig. Und selbst in einer Großstadt wie Nizza und selbst an einem Samstag, wenn der Tag oft um 12 Uhr erst richtig losgeht, schließen viele Geschäfte mittags ihre Türen. Genauso handhaben es viele Museen. Lehnen Sie sich in der Mittagszeit also einfach zurück, und genießen Sie das Leben!

DEN KREISVERKEHR UNTERSCHÄTZEN

Der zweispurige Kreisverkehr birgt für deutsche Autofahrer Gefahren. Vorsicht vor Autofahrern, die die innere Spur benutzen. Diese fahren oft unvermittelt bei der nächsten Ausfahrt hinaus – und zwar blitzschnell und ohne zu blinken! Da hat es schon so manches Mal gekracht.

SICH AUF ÖFFNUNGSZEITEN VERLASSEN

Viele Restaurants und Geschäfte geben entweder gar keine Öffnungszeiten an oder nehmen es nicht so genau damit. Ist das Wetter schlecht oder keine Kundschaft da, wird durchaus auch mal früher geschlossen.

RECHNUNGEN UNGEPRÜFT BEZAHLEN

Da wird gelegentlich aus einem Glas Wein ein *pichet*, oder ein Pastis, der auf der Karte noch 4 Euro kostete, steht auf einmal mit 5 Euro auf der Rechnung ... Ach ja, und noch etwas – verlangen Sie nie für einen Tisch getrennte Rechnungen. Das ist vollkommen unüblich und stößt auf großes Unverständnis.